「孤独な育児」のない社会へ

——未来を拓く保育

榊原智子
Noriko Sakakibara

岩波新書
1816

はじめに

二〇一九年一〇月から、「幼児教育・保育の無償化」が始まった。消費税から年七七〇〇億円ほどの多額の公費を使い、三歳以上の子どもの保育所や幼稚園、認定こども園などの利用料を原則無料にする。子育て政策の予算を大幅に増やす、画期的な施策だ。

それなのに、気持ちがモヤモヤと晴れない人が、私も含めて少なくない。

子どもの政策に関心を寄せ、子育て支援の拡充を長年訴えてきた人たちほど、この施策を最も喜んでいいはずなのに、なぜか複雑な表情を浮かべている。

この何とも矛盾した空気にこそ、保育所の待機児童解消策や少子化対策に長く取り組んできたのに成果を出せない、この国の失敗の本質が潜んでいるように思う。

それは、深刻化する「孤独な育児」の現実に目を向けず、子育て家庭が発するＳＯＳに真剣に耳を傾けようとしない政策へのもどかしさといえるかもしれない。

この本は、子どもや子育てを取材してきた記者である私が、二〇一五年度から新たな少子化対策として「子ども・子育て支援新制度」(以下、新制度)が導入された結果、各地で発生した〝保育騒動〟の要因を探るなか、見えてきた出産や育児の現実と課題を伝えようとしたものだ。

新制度は、昭和の旧式モデルだった保育制度の刷新をめざした改革で、待機児童解消を一気に進めるはずだったが、肝心の保育所を利用する家庭から批判や怒りが噴出する騒ぎになった。なぜこんな事態になったのか。疑問を抱いて現場を取材すると、見えてきたのは、利用者である親子の意向を軽んじた施策の立案や運用のあり方が、想定外の反発を招いたというものだった。

医療制度は「患者本位」を掲げて久しいが、介護保険制度も障害者福祉制度も一九九〇年代以降の社会福祉改革で「利用者本位」への転換を図ってきた。しかし、児童福祉や、その一つである保育制度は改革から取り残されたままで、利用者本位ではなく、措置制度特有の提供側主体の仕組みとなっている。

新制度の導入で保育サービスへの期待を高めていた人たちは、相変わらず行政の都合で利用者を足切りする旧来の運用に直面し、不満を爆発させていた。怒っている人たちに会いに行くと、いわゆる「モンスター・ペアレンツ」などではなく、きわめて理性的で、まっとうな抗議の声を上げている人たちだとわかった。

そして、今の日本で子育てがかつてなく孤立していて、その現実が親たちの抗議を切実なものにしていることが伝わってきた。

問題の根源は、少子化対策だ、待機児童解消だといいながら、肝心の当事者の希望や必要性に耳を傾けず、子育て現場のニーズから外れた施策を押しつけがちな行政の旧態依然にこそあるのではないか。そうした提起をこの本から読み取っていただけたらと願っている。

少子化を改善できないまま、私たちは人口減少を速めてしまった。「少子化はもう変えられない」という声があるが、冷静に考えてみてほしい。少子化対策の筆頭である保育政策すら、私たちは十分な改革をできずに欠陥を放置してきたのではないかということを。〝保育騒動〟はそれを教えてくれている。

これは裏返すと、保育政策に改善の余地がまだかなりあること、少子化対策としても努力の余地が相当残されていることを示唆している。

子どもを持つか持たないか、は他人や国が口を出すことではない。しかし子どもを持ちたいと望む人たちが、その望みをかなえることができる社会。若い世代が安心して子育てできる社会。そうした社会に変わることが、結果として深刻な少子化を改善することにもなるだろう。

社会が変わるために、保育制度をまず、親子の希望やニーズを中心に置いた当事者本位の仕組みに転換することが最初の一歩になると思う。

取材では、所沢市や杉並区の保護者や保育者をはじめ、関係者に多大なご協力をいただいた。また、国や自治体、議会の関係者、研究者、専門家など多くの方たちから知見を頂戴した。

プライベートな情報もあるため、ご本人の同意をいただき、匿名を基本とした。カタカナは仮名で、年齢は取材当時のものとした。「保育所」は制度の呼称として用い、「保育園」は呼び名として必要な場合に限り用いたが、同じ児童福祉施設を指している。

多くの方たちのご協力なしにこの本は生まれなかった。岩波書店新書編集部の皆さんには貴重な助言をいただいた。読売新聞社の上司や同僚には、数年に及んだ取材を寛大に見守り励ましてもらった。この本を書くために力をかしてくださった方たち、支えてくれた方たちすべてに、この場をかりて心からの感謝の気持ちをお伝えしたい。

二〇一九年秋

榊原智子

目次

はじめに

I　子育ての現場で何が起きているのか……1

1　保育所に入れない　2

二万人の「待機児童」、六万人の「隠れ待機児童」／増え続ける認可施設／二〇世紀的な仕組みの象徴「利用調整」／福祉行政にくわしい人も困惑

2　退園をめぐる対立の幕開け　11

時代に逆行したルール／「育休退園ルール」ができた理由／所沢で、なぜ／憤る妊婦たち／保育士たちの落胆／育児は孤独／周知が不充分／一〇〇点加算と特別預かり事業／反故にされた「一五年前の約束」／保護者と保育者が話し合う場

3　弁護団や市の幹部の思い　36
弁護団の作戦／「少子化だから整備は慎重に」／市の保育担当幹部は／ルール導入の周知は、なぜ遅れたのか／保育所の役割とは

4　立場を超えた悩み　49
ベテラン園長の思い／イクメン・パパの動揺／ワンオペ育児の孤独／政府にも戸惑い／やっと開かれた説明会／国の方向とのズレ／保護者の懸念と「三歳児神話」／子どもたちの不安

II

社会のなかの保育園……………………73

1　保育所が作れない　74
再燃した待機児童問題／二〇一三年の「保育園一揆」／リーダーの思い／区長の決意／「ここに保育所なんていらない」／保育所問題はヒトゴト／横たわる溝／「夢のない設計」／反対派によるシンポジウム

2　リエさんの「孤独な育児」体験　95
退園と復帰／突然の通告／「お母さんと一緒」がベストなのか／一か月間の退園生活／地裁は退園を執行停止／注目された判決／「所沢効果」

3　家庭保育室への〝飛び火〟　109

目次

家庭保育室とは／三歳になったら認可保育所へ／住民集会／家庭保育室の利用者の思い／所沢から国会へ／ベテラン市議の見方／ナツミさんの発見

III 孤独な育児……127

1 子育ての孤独と産後うつ 128
産後うつの実状／二〇年前からの異変／産後の四人に一人は、うつ的症状／世田谷区の産後ケアセンター／ヘルパー派遣開始／産後の三大危機

2 課長の発見 141
激動の一年／退園ルールから見えてきたこと／保育所は「唯一の地域コミュニティ」／増える行政コストと「選択制」／厚労省にも「想定外」／モヤモヤの幕引き

3 二年目のひずみ 155
一、二歳児クラスで「産み控え」／退園に揺れるミホさん／「子育て世代の人口が流出」の報道

4 保護者たちの声 162
聞き取り調査／「専業主婦モデル」の孤独

IV　未来に向けて……171
1　保育制度のための請願　172
請願、提出へ／市議会の空気／ケンタさんの思い／つながりを失う子育て／採択後の市議たち／子育ての社会化
2　見えてきた可能性　189
幼稚園の保育進出／日南市の〝スーパーこども園〟／幼稚園園長たちの危機感／「待機児童ゼロ」を達成した杉並区／保護者の変化
3　三年の総括　204
育休退園は定着したか／保育者の戸惑い／ママ職員の育休退園経験
4　〝育休退園〟での教訓と、これからの課題　213
孤独という現実／待機児童問題を超えて——改革への四つの課題
おわりにかえて——未来を拓く保育……227
保育をめぐる混乱と育児の孤立／世界の潮流は／「家族にやさしい政策」と保育／すべての子どもに保育を

I

子育ての現場で何が起きているのか

1　保育所に入れない

二万人の「待機児童」、六万人の「隠れ待機児童」

「保育所の利用を申し込んだのに、『利用不可』と連絡がきて頭が真っ白。どうしよう！」――。

新学期のスタートを前にした二月、保育利用を申請した家庭に〝落選〟の通知が届き、悲鳴が上がる。パニックになった保護者が役所に殺到する光景は、都市部ではあたかも季節の行事のようにくりかえされてきた。

全国の市区町村が、毎年四月時点で認可保育所へ入れなかった子どもを「待機児童」とカウントした数字は、長年、二万～三万人で推移してきた。二〇年前に待機児童の親になった私も頭が真っ白になる衝撃を体験したが、近年の待機児童の深刻さは、かつてとは様相が違っている。

待機児童対策の効果で減少しつつあった全国の待機児童数が、再び増加に転じたのは二〇一五年だった。同年四月に二万三一六七人だった待機児童は、一六年四月に二万三五五三人、一七年四月に二万六〇八一人と急速に増加した。

この公式の「待機児童」にはカウントされていないものの、希望の施設に入れず育児休業(育休)を延長したり、自治体が独自に助成する認可外施設にやむなく入ったりした「隠れ待機児童」も、二〇一六年四月時点で約六万七〇〇〇人いたことを国が公表。ベールに包まれてきた待機児童問題の深刻な実態が明らかにされた。

その後、国は「子育て安心プラン」で三二万人分の保育定員を拡大する計画を打ち出し、自治体の保育所整備をうながした。公式の待機児童数は二〇一八年四月には一万九八九五人へと減少し、久々に二万人を割り込んだが、これを上まわる「隠れ待機児童」が依然として存在しており、春先に悲痛な悲鳴が上がる状況は今も続いている。

増え続ける認可施設

こうした一方で、国が運営費を助成する認可保育所や認定こども園などの認可の保育施設は年々、急速に増えている。

全国の認可施設は、二〇一一年に二万三三八五か所だったのが、一三年に二万四〇三八か所、一四年には二万四四二五か所となり、それにともない待機児童を減少させていた。

増加ペースは、消費税財源で保育サービスを拡充する「子ども・子育て支援新制度」(新制度)が二〇一五年度から導入されていっそう加速した。一五年に二万八七八三か所だった認可施設は一六年に三万八五九か所、一七年に三万二七九三か所、一八年には三万四七六三か所と急速に拡大し、毎年二〇〇〇か所前後もの認可施設が全国で増えた。

これを受けて、認可施設の総定員数も年一〇万〜一二万人ものペースで増えている。新制度導入前の二〇一四年に二三三万人だった定員数は、一八年には約二八〇万人に拡大しており、かつてない勢いで保育所整備が続いている。

ところが、保育所整備がこれほど猛烈に進んでいるのに、待機児童問題の深刻さは変わらず、需給ギャップはいまに至るまで解消されていない。この背後に、子育て家庭の保育ニーズをめぐる大きな変化がある。

二五〜四四歳の子育て世代の女性の就業率は年々上昇しており、男女雇用機会均等法が施行された一九八六年に五七・一%だったのが、二〇一六年には七二・七%と過去三〇年で最高になった。「共働き社会」のモデルと目されているスウェーデンの女性就業率八〇%に、まもなく日本も追いつくだろうと国は見ている。

各種の調査は、若い女性のライフコースの希望が「専業主婦コース」から「仕事と育児の両立コース」へと顕著にシフトしていることを示している。賃金が年齢とともに上がらない非正規雇用者が多い若い世代では、配偶者に対する男性の希望も「両立」へシフトしており、これら世代の「共働き志向」は男女共通の潮流となっている。

日本の職場慣行だった「出産退職」が減り、「出産後も就業継続」する女性は「退職」を上まわるようになった。若い世代では、子どもが生まれても仕事を辞めず、育休を取って職場復帰する、つまり、保育所を子育ての初期から利用して、育児と仕事を両立するライフスタイルが主流になりつつあるといえる。

子育て家庭の変化は、保育所の役割も変えつつある。保育所は単なる託児の施設ではなく、育児のスタート期から子育て家庭に伴走し、親としての成長をサポートしつつ、子どもの人生の最も初期から成長や発達にかかわる。家族に大きな影響を及ぼす専門的な機関であり、子どもと親への総合的な支援拠点として、高い機能が求められるようになっている。

ところが、こうした子育て家庭のニーズの変化が、保育行政を担う市区町村には十分に浸透していない状況が、取材を通して見えてくる。

特に、若い世代のライフスタイルの変化が早く現れる首都圏で、このギャップは鮮明になっていると感じる。とりわけ二〇一五年は、四月に新しい少子化対策として新制度が始まり、八月には「女性の職業生活における活躍の推進に関する法律（女性活躍推進法）」が成立。一〇月には「一億総活躍社会」や「希望出生率一・八」の実現が国から打ち出された。

少子化対策の看板政策となった新制度で「待機児童解消」が掲げられたことで、子育て世代の期待値が急速に高まっていた。そのことが結果として、旧態の保育行政を続けた市区町村との温度差を一気に拡大していた。

〝保育難民〟となった若い父母の悲痛さは、取材するこちらの胸を締めつけるほどだった。妊娠中から子どもを保育所に入れるための「保活」を始め、保育所見学や情報収集に奔走したのに入れる先が見つからず、不安と疲れから切迫早産になった女性。

認可保育所に入れず、やむなく認可外のミニ保育室に預けたものの、子どもの表情が暗く、質の高い保育所に移るため転職しようか、転居しようかと悩み続けていた母親。

東京の有名ブランドでデザイナーとして働くため来日したのに、保育所に入れず失職の危機に青ざめていた英国人の女性もいた。抗議集会に参加して、「日本は今も二〇世紀なのかと、英国の家族が驚いている」と訴えていた。

二〇世紀的な仕組みの象徴「利用調整」

日本の保育制度が「二〇世紀のまま」といわれるのは、海外からの一方的な偏見ではない。戦後直後に作られた保育制度の骨格が昭和モデルのまま温存されているためであり、英国やフランス、北欧などには存在しない待機児童問題が、日本ではいつまでもなくならない理由もここにある。

二〇世紀の保育制度は、英国などでも、保育サービスが貧困家庭の母親が働くための福祉施策とされ、税金で運営される措置制度だった。税金を投入する救貧福祉であるため、行政は利用する資格の有無を厳しく判別し、希望者すべてにサービスを給付するわけではなかった。

しかし、主要な福祉国家の多くでは今、保育制度に多額の税金を引き続き投入しているものの、利用する家庭の意向を尊重する利用者本位の仕組みに転換している。保育サービスは選別主義の措置制度ではなく、希望するすべての家庭が利用できる普遍主義の制度になっている。

希望しても利用できない待機児童がこれほど発生するのは、措置制度ゆえの構造的な問題であり、「二〇世紀のまま」だからといえる。

選別主義を象徴するのが、保育所の利用者をふるい落とす「利用調整」という仕組みだ。

もともと自治体は、保育サービスを利用させるべき家庭を選りわけるため、保育の必要性を数値化した「利用調整指数表」を作り、内部で活用していた。「フルタイム勤務の共働き」「一人親」「保護者の疾病」などの条件ごとに点数を定めて、総合点が基準を上まわる家庭に利用を認める。保育サービスが不足する地域では、総合点の高い家庭を優先的に入所させる。そうした選別の基準として活用してきた。

ところが、落選理由の説明を求める人が増え、議員の口利きなど不透明な調整への不信や批判も強まり、多くの自治体が利用調整指数表を公表するようになった。このため、待機児童がいる地域で認可保育所に入りたい家庭はまず、地元の市区町村が作る利用調整指数表を手に入れて、自分たち世帯の点数を計算しつつ、「保活」を進めるようになっている。

入りたい保育所を調べて申請するだけでは入れないため、世帯の持ち点をどうしたらアップできるかの画策も必要となり、首都圏の「保活」はいまや激しい情報戦の様相を呈している。

福祉行政にくわしい人も困惑

「利用調整指数表を見ると、一人親世帯などを除くと、保育所は全体として恵まれた家庭が入れる仕組みになっている印象です。でも、保育制度はそれでいいのでしょうか？」

孤立や生活困難などの課題を抱えた若者を支援してきた臨床心理士の鈴木晶子さん(三八)は、自身の「保活」を振り返り、疑問を呈す。福祉行政に精通した困窮者支援のプロでも、困惑することが多かったという。

自治体がおこなう利用調整では「基準指数」と「調整指数」という保育制度に特有の物差しが使われる。「基準指数」とは、就労状態や健康状態といった世帯の基本的な状態を数値化した点数。それに対し、きょうだいが希望している保育所にすでに通っている、無認可保育所の利用実績があるなど、個別状況で加点や減点をするのが「調整指数」だ。

鈴木さんの世帯は、基準指数がフルタイム勤務の夫は二〇点、法人理事とフリーランスの仕事をする鈴木さんは一八点で計三八点だった。ただ、居住している自治体には待機児童がいて、認可保育所に入る最低ラインは四〇点ほどだったため、鈴木さんの子どもは届かなかった。「両親とも正社員でフルタイム勤務」が前提で、フリーランスなどは減点になるとわかった。「フリーランスなどの多様な働き方に、保育制度は対応していない」のである。

調整指数で点数をアップさせることが必要だったが、「長く居住した世帯は加点」「祖父母が同居だと減点」といった加点の基準は自治体ごと、年度ごとに違う。地元での情報収集が重要なことを痛感したという。

情報収集の結果、「調整指数で加算するには二つの方法があった」と鈴木さんは言う。一つは、育休を早く切り上げて認可外の施設に子どもを預けること。地元の自治体では一日四時間以上、月一二日以上の保育利用の実績が半年以上あれば「二点」が加算された。もう一つは「偽装離婚」。戸籍上、離婚して一人親の状態になれば「二点」が加算される。認可外の施設を月七万〜一〇万円ほども払って使うより、安上がりな方法だ。

「偽装離婚までする人たちもいると聞いたが、そういうわけにもいかない。困窮し、孤立している人たちにはこういう情報も入らない。利用調整の複雑な仕組みを理解するのも大変。専業主婦や非正規で働く人が利用したくてもハードルは高い。マニアックな手法で点数を稼ぐ『保活』は、本当に困っている人たちを排除する仕組みになっています」

結局、鈴木さんは認可外保育所が階下にある賃貸マンションに移り、保育料は割高でもそこを利用することにした。

一方、保育が明らかに必要なのに門前払いされるケースも見てきた。

妻を病気で亡くした友人は、二人の子どもを育てるシングルファーザーになった。働く必要があるのは明らかなのに、二人とも年度途中で空きがなく、認可保育所に入れなかった。下の子は何とか認可外のミニ保育室に入ることができて、上の子は幼稚園に入れたが、幼稚園はお迎え時間が午後五時と早い。ミニ保育室は、泥遊びなどができる園庭もなく、保育環境が貧弱だった。彼は不安を抱えて苦悩していた。

実家に頼れない若い女性がシングルマザーになると、認可保育所に入れない場合、「託児所付き」の勤務条件に惹かれて風俗店に勤めてしまうケースが少なくないという。「保育の必要な人がちゃんと入れるなら、保育所は子どものいる困窮家庭への支援策にもなるのに」と、鈴木さんは話す。

保育所の門戸が狭く、「保活」が厳しい情報戦となっている現実。なかでも東京都は、仕事やチャンスを求める若者を全国から吸い寄せながら、待機児童が多発し、保育問題が最も深刻な「超少子化の街」となっている。

2　退園をめぐる対立の幕開け

時代に逆行したルール

東京・霞が関にある厚生労働省(厚労省)の記者会見室は、ズラリと並んだ保護者たちの思いつめた表情で、ただならぬ空気に包まれていた。テレビカメラの前に座ったのは、大きなお腹をした妊婦や父親たち。埼玉県所沢市で認可保育所を利用してきた一三人の保護者だった。

保育所に子どもを通わせる家庭に新たな子どもが生まれ、親が育休を取得するときは、上の子には退園してもらう――。所沢市が三歳未満の在園児に対し、「育休退園ルール」を二〇一五年四月から導入したことで、直前に知らされた保護者たちが、猛烈と反発する事態になっていた。

とりわけ、新しい命をすでにお腹に宿し、誕生を目前に控えていた家庭の動揺は大きかった。次の子が生まれても、保育園に通っている上の子は通園を続けさせるつもりだったため、産後の家族の生活設計が崩れることになると衝撃を受けていた。

保護者たちは連名で市に導入の中止を求めたが、納得のいく説明を得られないまま四月に導入されたため、五月にグループを結成。退園の差し止めを求めて集団訴訟を起こし、その状況を広く世間に訴えようと記者会見に臨んだのだった。

さいたま地方裁判所に提訴した六月二五日に、その足で霞が関まで来て会見したのは、原告の八世帯と訴訟を応援する父母だった。保護者たちは口々にルールへの批判と市への不信感を語った。

「保育園に通っている子どものことを考えて、在園できるようにしてもらいたい」

「家庭をこれほど不安にさせる制度があっていいはずがない。時代に逆行したルールだ」「育休が明けたとき、元の保育園に戻れる保証がない。このままでは心配で育休を取れない」

三人目の子を妊娠中という母親は、退園対象となった第二子について「この子は生後六か月から保育園に通い、保育園で過ごすことが生活の一部となっている。ある日から突然、大好きな先生や友だちと過ごせない生活になるのは、子どもにとって大きなストレスになる」と訴えた。

保護者たちの言葉から、集団提訴へと彼らを結束させた要因の一つは、所沢市の藤本正人市長の発言だったとわかった。五月一六日に催された「市政トーク」という市のイベントで、育休退園ルールについてたずねられた市長が、「子どもに聞けば、お母さんと一緒にいたいという時期じゃないか」「保育園に入りたい入りたいって、子どもが思ってるかっていうと、きっとそうじゃない」と述べていたという（以下、市長の発言は市政トーク参加者の記録による）。

この発言は、小さいころはお母さんと一緒が最もよいという、「三歳児神話」を彷彿とさせ、市長は保育所利用を望ましくないと考えていることが伝わったため、保育所に預けて働いてきた保護者の強い反感を招いていた。

市長はこのとき、「保育園というのは福祉でありますので、保育に欠ける状態、すなわち育てることができない（略）状態の親御さんに対して保育園を用意して（いる）」とも説明していた。母親が休業できるあいだは「保育に欠ける状態」ではないのだから、専業主婦の母親と同様に家庭で子どもを世話するべきだとうながしていた。

ところが、強く反発したのは、二人目、三人目の子どもを持った家庭で、すでに一人目の出産で育休を体験していた保護者たちだった。一時的に専業主婦となり、乳児を家で世話する家庭での育児を体験した人たちだった。市長の「お母さんと一緒がベスト」と決めつける発想に、現実との隔たりを感じるがゆえの違和感を抱いていた。

会見した原告の一人で、四人目の子の出産を一〇月に控えていた母親は、「市長の個人的な『三歳児神話』の考えを押しつけないでほしい。自分たちの子育てを全否定された気がする」とマイクを前に憤った。そして、市の取り組みを正面から否定した。

「待機児童の解消には、保育園を増やすのが基本。育休退園では解決しません」

会見の模様はニュースとなり、若い保護者と市の対立に関心が集まった。ただ、保育制度や育休退園ルールの仕組みが複雑でわかりにくいために、メディアに現れた意見も、世論も、保護者側の支持派と行政側の支持派にわかれた。

首都圏のベッドタウンで起きたこの対立には、住民による単なる反対運動とくれない意味が見え隠れしていた。子育てを支援するための保育制度が、子どもを育てる若い家族を不安に陥らせ、怒らせているのはなぜか。この矛盾はどこから来るのか。

所沢の集団訴訟は、市の方針を変更させたい保護者たちが仕掛けた闘いだったが、同時に、子育てする当事者の目線から保育制度のあり方に疑問を投げかけた試みでもあった。父母たちの会見は、その幕開けだった。

「育休退園ルール」ができた理由

「育休退園」の問題は、もともと一部の関係者だけにかかわるマイナーなテーマだった。保育所の利用家庭のなかでも第二子や第三子が誕生し、職場で育休の取得が許された家庭だけに発生する問題だった。また、少し前まで、国が定める保育制度で「育休中は退園」とされていたため、全国でそのように運用されていた。それが、時代の変化にともない、マイナーだった育休退園のルールがしだいに関心を集めるようになった。

保育所は一九四七年に児童福祉法で定められた子どもの福祉施設で、戦後の混乱期に貧困家庭の子育てを支えるため、行政が「保育(育児)に欠ける」と認定した子どもに保育サービスを提供する対策だった。

児童福祉法は、二〇一二年八月に改正されるまで、「児童の保育に欠けるところがある場合において、保護者から申込みがあったときは、それらの児童を保育所において保育しなければならない」と定めていて、市区町村が保育を提供する責任を負ってきた。公立保育所の用意がなければ、市区町村が民間保育所に保育事業を委託し、措置費として運営費を支払う措置制度で実施されてきた。

税金を使う福祉サービスであるため、保護者が育休で家にいるなら「保育に欠ける」状態には該当しないとみなされ、退園が当たり前とされてきた。

ところが、一九八六年の男女雇用機会均等法の施行に続き、九一年には育児・介護休業法も制定された。出産しても就業継続する女性が増え始め、育休を何回も取るワーキングマザーも出てきた。そのつど、入退園させられる子どもはなじんだ保育所を離れ、親の育休終了後にまた保育所に戻るという生活変化をくりかえすことになり、子どもに安定した発達環境を提供する観点から育休退園が問題視されるようになった。

特に三、四、五歳児となれば、集団生活を経験させたいと考える家庭は、保育所に戻るまでの短期間だけ幼稚園に入園させ、そのために入園料や制服代を払うことになり、費用面と心理面の負担が大きいと指摘されるようになった。

このため、厚労省は二〇〇二年二月の保育課長通知で、育休開始前から通園していた子どもは、市区町村の判断で継続利用としてもよいとする考えを明確にした。そして、継続利用を認める具体例として「小学校入学を次年度に控えるなど、子どもの発達上、環境の変化に留意する必要がある場合」や「保護者の健康状態や子どもの発達上、環境の変化が好ましくないと考えられる場合」を示したのだった。

その結果、育休中の対応は「退園」か「継続利用可能」か、対象年齢の線引きをどうするかなど、市区町村の判断で異なることになった。二〇一二年八月に成立した「子ども・子育て支援法」は、育休中の扱いについては従来の路線を継承しつつ、子育て支援を強化する観点から、市区町村が保育利用をより幅広く認めることができるよう配慮していた。

市区町村の裁量が大きくなるなか、所沢市で育休中の利用を認めないルールが導入されたことは、支援法違反ではなかったが、国の想定した方向性とは違っていた。

所沢で、なぜ

所沢市はもともと、育休中の保育利用を早くから認めていた〝先進的な自治体〟だった。

市内の保育所を利用する保護者や園長たちの働きかけを受け、二〇〇〇年八月、家庭から申請があれば育休中の利用を認めてよいことを各保育所に通知した。育休に入る家庭は「保育の継続申立書」を提出する必要があるものの、園長の判断で継続を認められたため、実質的には保護者が保育継続か退園かをほぼ選べるようになっていた。

各園で運用の違いはあったが、市内の保育所では育休期間も上の子はそのまま通園させる家庭が増えていた。

それが、「子ども・子育て支援法」により二〇一五年度から新制度がスタートすると、保育制度の刷新に合わせて、同市は育休中の利用を認めないルールに変更したため、利用を予定していた家庭には青天の霹靂《へきれき》となったのだった。

新制度のスタートを契機に、育休家庭の利用を狭める自治体が現れたことは、厚労省の保育担当者にも想定外のことだった。新制度は、消費税を五%から一〇%へ引き上げることで増える税収一三・七兆円を、社会保障改革に使うと約束した「社会保障と税の一体改革」で、国が目玉と位置づける施策だった。二〇一二年八月に一体改革の関連法が可決され、子ども・子育て支援法も成立したことで、消費税収から約七〇〇〇億円を使い新制度を実施することが正式に決まった。

また新制度は、子育て支援を強化する目的から、待機児童の解消を急ぐだけでなく、保育サービスの量的な拡大と質的な向上を同時に図り、課題が山積する保育制度の刷新をめざす重要政策と位置づけられていた。それだけに、新制度のスタートに合わせて、育休中の保育利用をすでに認めていた自治体で利用を制限するルールが導入され、子育て支援が実質的に後退する事態になったのは、国にも予想外の展開だった。

全国に一七〇〇以上ある市区町村で、新制度を機に育休退園ルールを導入したのは所沢市だけだった。国では、保育所を利用できる家庭を広げ、子育てをより応援していくため従来は認めていなかった「求職中」や「勉学中」も認めることにしたなかで、要件を狭める所沢市の方針は、かなり特異だった。

「保育制度の責任主体は市区町村ですから、国からはダメとは言えません。でも、子育て支援を強化しようというときに、所沢は逆行していると思う……」。そう困惑する声が、厚労省でいくつも聞かれた。

憤る妊婦たち

所沢市で保育所を利用するゼロ〜五歳児は五五〇〇人ほど。三歳未満を対象とした育休退園ルールに関係するのは一、二歳児クラスにいる一部の子どもだった。それなのに、多くの保護者や保育関係者が反発し、行政に対する集団訴訟という一大事にまで発展したのには、それなりの理由があった。

小柄な体に大きなお腹が目立つアキさん(三六)は、全身で憤慨していた。

「所沢では、一五年前に保護者や園長たちが市と話し合い、育休中でも保育園に通い続けたいという人がそれほど多いなら、退園か継続かを選択できるようにする、となったのです。その約束を今回、市は一方的に破棄しました。そのうえ、説明や話し合いを求めても応じようともしないんです」

同じく出産予定日が近いユリさん(三〇)も、怒っていた。

「制度を元に戻してくれたら、母親たちは子どもをもっと産みたいと思えるのに、今度のルールでは、子どもが保育園に通う権利も、母親が産後に体を休める権利も守られなくなります」

臨月を控えた二人の妊婦と会ったのは二〇一五年七月。厚労省での記者会見に加わっていた二人は、「安心して子育てできる街にしたい!!会」のメンバーだった。所沢市役所の建物が少し先に見える航空公園駅のカフェで落ち合い、精力的に活動を続ける理由を聞いた。

アキさんは心理職の仕事をしながら、会社員の夫とのあいだに生まれた五歳の長女、二歳の長男を育てていた。八月に第三子が生まれる予定で、育休を取ると二歳児クラスにいる長男が対象になり、一〇月末には退園となる立場だった。

ただ、今は非常勤で働いていて、雇用保険の加入者が対象の育休制度は使えないため、育休退園をさせられる心配はなかった。それでも、同じ年齢の子どもを育てる家庭を動揺させた退園ルールはヒトゴトでなく、市の対応を見て納得できない思いが募っていた。そのため「会」の発足時からかかわり、原告家庭を応援しようと活動していた。

ユリさんは認可保育所で働く保育士で、八月に第二子出産の予定だった。長男はやんちゃ盛りの三歳で、二歳児クラスに在籍しているため、ユリさんが育休に入れば一〇月末で退園が避けられない見通しだった。

保育士歴一〇年の中堅であるユリさんは、「こうした年度途中の退園は保育のあり方としても問題がある」と指摘した。親としても、保育のプロとしても納得できない思いが、原告となる決意を後押ししたようだった。

「私が担当する二歳児クラスには妊娠しているお母さんが三人いて、まもなく出産を迎える。一〇人ちょっとのクラスなのに三人が次々に退園し、新しい三人が入ってくるとクラスはどうなるかわかりますか。幼児が集団の落ち着きを取り戻すには時間がかかります。子どもたちが安心して過ごせる環境を守ることができなくなるだろうと、心配しています」

二人の話から、退園対象にはならなかった家庭の保護者にも、「こんな制度があると安心して次の妊娠はできない」という不安が広がっていることがうかがえた。

ところが、記者会見のあと、原告の保護者たちに対して、「母親たちが育児をサボりたいだけではないか」「育休中も保育園に預けたいなんてワガママだ」といったバッシングが一部で起きていた。そうした声にアキさんは反論した。

「私は今度の子が三人目だし、自宅で子どもを世話するのが嫌なのではない。ただ、保育園の生活を子どもたちが日々いかに楽しんでいるかをよく知っています。だから、保育園ライフの楽しさを、子どもたちから取り上げないでほしいというのが私たちの願いなのです」

世間の目は「サボる母親」に向けられていたのに対し、二人の母親の目は「保育園に通えなくなるわが子」に向けられていた。保育所に乳児のときから通い、保育所を第二の家庭として育ってきた子どもたちから、日々の生活の場やリズム、そして仲間を取り上げないでほしい、という訴えだった。

唐突な市のやり方に、保護者や子どもが直面する不安への配慮が感じられず、問答無用の押しつけを感じたことが、集団の異議申し立てへと彼らを駆り立てたことが見えてきた。

保育士たちの落胆

保育士のユリさんが指摘した「保育のあり方としても育休退園は問題」とは、どういうことか。保育現場で経験を積んだ専門職として、「保育園から短期間に出したり入れたりするのは、幼い子どもにとっていいはずがない」と言う。

ユリさんによると、二歳ごろになると子どもは泣き方が強くなり、環境変化で不安を感じると激しく泣くことがある。同じ集団で毎日過ごし、ともに育ってきたクラスメートが転園などで突然いなくなると、言葉で事情を理解できない年齢だけに、「〇〇ちゃんはどうしたの？」「どうして来ないの？」と保育士にしきりに不安を訴えるという。

クラスのなかで仲間の入れ替わりが続くと、集団がずっと不安定な状況に置かれることになる。新しい子が加わると、保育士はその子がクラスに慣れるまで一対一で寄り添い、手を掛けて世話することが必要になる。新しい子が次々に入ってくると十分な寄り添いがむずかしくなる。集団の動揺が収まるまで次の活動に進むことができなくなり、年度当初に定めたクラスの年間活動計画を何度も見直すことが必要になるのではないかと、ユリさんは懸念した。

四月から集団の関係性を日々の保育で育んできたクラス担任の保育士からすれば、「年度途中にメンバーが何度も入れ替わることは、本人にも集団にも望ましいことではない」。

第二子、第三子を持ちたいと思う家庭は、一〜三年の間隔をあけて次の子を妊娠することが多い。保育所では一般的に上の子が二歳児クラスのときに次の子を妊娠するケースが多く見られ、育休退園ルールがあると二歳児クラスに「退園・入園」が集中すると予想された。

その二歳児クラスの担任だったユリさんは、成長発達が著しいこの年齢の子どもたちに退園ルールは弊害ばかりが大きいと考えていたが、憤慨には別の理由もあった。

「そもそも、ゼロ歳から二歳までの保育を市は軽視していますよね。市長は小さい子は保育園よりお母さんといるほうが嬉しいはずだと決めつけていました。私たちの訴訟を取り上げたテレビ番組でも『この年齢は友だち関係なんてない』『お母さんといるのがよい年齢だ』とコメンテーターは話していましたが、それは違います」と言う。

「幼い子どもでも、ゼロ歳の後半から友だちに対する『好き』の気持ちが表れます。言葉は出なくても、朝、友だちに会うと駆けよって顔をのぞき込み、挨拶している。オモチャの取り合いが起きるのも友だちを意識しているから。ゼロ、一、二歳の子も仲間から刺激を受けて日々成長している。そうした仲間との育ち合いの環境を、私たち保育士は支えています。それなのに、低年齢児の保育の意味合いを、所沢市が理解していないことが、退園ルールではっきりしました」

乳幼児期は母親の育児がベストと考える育児観は、保育所の保育は望ましくないという保育観と裏表をなしていた。子どもの健全な成長を支える保育という仕事に自負を持っていた保育士たちは、そうした保育観で傷ついているとユリさんは説明した。

自分たちが情熱を注いできた乳児の保育を、市はこの程度にしか評価していなかったのか――。退園ルールは、保護者だけでなく、保育者たちをも深く落胆させていた。

育児は孤独

「母親の育児」は最上で、「保育所の保育」は望ましくないものなのか。

取材をしていて芽生えた疑問は、現代における保育所の意味、つまり、保育や就学前教育の価値などを正面から議論してこなかった日本で、封じられたテーマだった。保育定員という受け皿の量だけを問題にする待機児童対策では、すっぽりと抜け落ちてしまう論点だった。

そうしたなか、アキさんやユリさんは、保育所が自分たちの子育てにとっては単なる「託児施設」ではなく、子どもに「育ち合う仲間」と「成長の場」を提供してくれる教育的な機能を備えた拠点であることを実感していた。そして、それを訴訟を通して伝えたいと考えていた。

保護者たちにとっても「子育ての仲間やプロの支援者とのつながり」を作れるかけがえのない場だと考えていることがわかった。

ユリさんは、「母親の育児」を最上とする考え方に抵抗感を抱いていた。三年前、長男が生まれて育休を取得したときに、孤独な育児が苦しかった経験があるからだ。

「子どもの世話に慣れている保育士でも、母親として自分の子を育てるのは全然違いました。一人目の育休では、子どもが泣いてばかりで昼寝もしてくれず、わからないことが多かった。家にこもりがちになり、不安が募りました」

交流のあった隣家は共働きで、昼間は不在。話し相手もなくて、不安と疲れで追いつめられた。外出しても、泣いている赤ちゃんに誰も振り向いてもくれなかった。

会社員の夫は優しくて子育てに協力的だが、帰宅の遅い日が少なくない。「一人きりの子育てだった。公園に行っても、声をかけてきたのは新興宗教の勧誘の人くらいでした」。

実家の両親は仕事があり、いつも頼るわけにはいかなかった。フルタイムで働いてきたユリさんには隣家のほか、近隣につきあいはなかった。

最初の育休が苦しかったため、二度目の今回は長男を通園させて、保育園とのつながりを保つ計画だった。他の親子や保育士とのつながりがあれば、育休を乗り切れると考えていた。

「長男は保育園の園庭を走ったり、散歩に連れて行ってもらったり、毎日元気いっぱいに過ごしています。急に退園したら、産後の体で私が新生児の世話と二歳児の相手をすることになる。それは体力的にも精神的にもきつい。赤ちゃんを抱えて、長男には『ちょっと待ってて』と我慢させざるをえなくなる。外遊びもできず、母親を取られたとストレスを募らせる長男を叱ることが多くなってしまいます」

退園後の生活を思い描いて、ユリさんは表情を曇らせた。

所沢市は、退園した家庭に「保育園の園庭開放に遊びに来てください」と案内していた。しかし、園庭で子どもを遊ばせるには親の付き添いが必要で、産後の体の回復期にある母親が新生児を抱いて見守らなくてはならない。「それは厳しい」。ため息まじりにユリさんは言った。

「息子は保育園の先生もお友だちも大好きです。『今日は○○ちゃんと手をつないだ』『闘いごっこした』と楽しそうに話す。保育園で日々成長していると実感しているのに、大人の都合でその環境から引き離さなければならないなんて、納得できないのです」

周知が不充分

集団提訴にまで発展した行政と保護者の対立は、所沢市の「周知の不手際」も要因になっていた。育休家庭の園児を退園させるルールが復活するかもしれないという噂は、前年の二〇一四年の秋ごろから一部の関係者のあいだで流れていた。

実際、噂を聞いて不安になったある母親は、市の窓口へ行って噂の真偽を確認していた。しかし「導入はない」と説明されたため、安心して妊娠に踏み切ったというこの母親は、「騙された」と怒っていたという。

市が退園ルールを二〇一五年度から導入するという方針は、実施目前の二月下旬から三月初めにかけて各保育所から保護者たちに伝えられた。退園対象となる一、二歳児クラスの家庭で妊娠していた母親には、園長から個別に知らされ、ほかの保護者には通知文が配付された。

驚いた保護者たちが市役所を訪れたり、説明会の開催や導入の撤回を求めて要望書を三月に提出したりしていた。しかし、市は「説明は園長が対応する」「どうぞご理解を」と対応をかわして四月を迎えていた。

保護者たちの怒りが〝沸点〟を超えたのは、前に述べたように市長の言葉が引き金となった。その内容がメディアや口コミで拡散されると、「共働きの子育てを否定された」「三歳児神話の押しつけはやめてほしい」と母親たちから反発する声が噴き出したのだ。

市から公式の説明がないなか、「育児は母親が家庭でするべき」という考えがルールの導入につながったと理解され、〝怒りの連帯〟を生むことになったようだった。

二〇一五年五月に「安心して子育てできる街にしたい!!会」を結成した保護者たちは、育休退園ルールを考える緊急集会をその月の下旬に開催した。そこに市内外から約三〇〇人が参加し、制度撤回を求める声が相次いだ。

以前の育休退園ルールで退園した経験がある保護者OB・OGも来て、退園した上の子と新生児のダブルのケアで体調を崩したと話した。ほかのOB・OGも、「育休に入ると小学生だった上の子が学童クラブを退会させられた」「保育園を退園した二歳の子が（環境の変化による不安で）チックになった」など、実体験を踏まえてこのルールを批判した。

同会の会長に就いたサトルさんは、三人の子どもを保育所を利用して育ててきた父親だった。このルールは妊娠や育休取得を躊躇《ちゅうちょ》させると指摘し、そもそも少子化対策に逆行している制度だと批判した。そして、複数の保護者が提訴を検討中であることを伝えた。

「所沢はテストケースだ。泣き寝入りすると全国の自治体に波及しかねない。ここで食い止めれば、全国の自治体で改悪が広がるのを阻止できます」と話し、市と闘う姿勢を鮮明にしたのである。

強い反発が起きたのには、〝タイミングの悪さ〟もあった。

所沢市で育休退園ルールが再導入されたのは、政府が「女性が輝く社会」を提唱し、経済成長戦略として女性の社会での活躍を推奨し始めたときだった。そこに旧来の育児観がにじむ育休退園ルールを復活させ、伝統的な役割を母親に求めようとしたことに共働きの家庭が違和感を抱いたのである。

消費税を財源として子育て支援を充実させると国が約束し、保育の質・量をともに拡充するとアピールするなかで、保育の利用制限を強めることは、国のめざす方向と矛盾することに、情報収集力が高いデジタル世代の親たちは気づいていた。

日本で少子化が何十年も続いた結果、人手不足が顕在化し、女性が出産しても就業を継続することを国も企業も求めるようになっていた。二〇一五年八月に「女性活躍推進法」が成立し、保育所の待機児童を解消することは、女性の活躍を実現するためにも最重要の課題となった。

育休を取れる社会の実現も急務となっていた。育休中の所得を保障するのは休業前の賃金の二五％から六七％へ引き上げられ、雇用保険に加入する女性の育休取得率は八割を超えるまでになった。国は男性の育休取得率も「二〇二〇年までに一三％に引き上げる」という目標を定めて、父親の育児参画も推進していた。

「育児は母親が家庭で」という〝昭和の伝統〟は後退し、働きながら子育てできる社会の実現が国家的な課題として認識されるようになっていた。そのなかで浮上した育休退園ルールだったけに、アキさんたちは「この街はまだ三歳児神話が行政を支配しているのか」と衝撃を受けていたのだった。

一〇〇点加算と特別預かり事業

六月に所沢市が発表した追加の措置も、行政不信にいっそう油を注いでいた。
退園したら元の保育所に戻れなくなると心配する保護者たちに対し、市は、「育休退園から戻るときには、入園の調整で一〇〇点を加算する」と約束したのだ。これだけでも法外な優遇措置だったのに、それに加えて、元の保育所が定員いっぱいの状態で入れない場合は、臨時に保育士を加配する「特別預かり事業」も新設すると発表し、「だから育休中は安心して退園を」と説明していた。

市が入所選考で用いる利用調整指数では、一般的な共働き世帯なら基準点の八〇点が付与されていた。きょうだいがすでに保育所に通っていたり、家庭に配慮すべき事情が認められたりしたら、さらに加点される仕組みだった。しかし、「一〇〇点」もの加点はほかになく、育休退園した家庭は最優先で入園できるように配慮するというメッセージだった。

ところが、特別な優遇は別の懸念を生んでいた。「一人親世帯への加点より、育休退園する家庭の加点が高くていいのか」という批判が保護者のあいだで広がり、市の対症療法的な措置が不信感をいっそう強めていた。

相互理解と対話が欠けたまま、両者の対立はますますエスカレートしていた。

反故にされた「一五年前の約束」

ところで、アキさんが先に言及していた一五年前の約束とは何か。これは所沢市が二〇〇〇年八月に出した通知のことだった。もともとあった育休退園ルールが一五年前の通知で見直されたときの経緯が、対立を複雑にしていたのである。

所沢市には、公私立の認可保育所を横断した保護者、園長、職員のネットワークが四〇年ほど前からあり、活動を続けていた。このネットワークに市の職員労働組合や学童クラブの関係者なども加わった「所沢保育問題協議会」という組織も作られていた。関係者が「保問協《ほもんきょう》」と愛着を込めて呼ぶ、この保育のネットワークを抜きに、今回の対立の根深さを理解できないことがわかってきた。

一九七七年に創設された保問協は「子どもたちの豊かな成長を願い、『子どもを取り巻く大きい仲間の手をつなごう』」という目的のもと、保育者と保護者が対等な立場で保育所の課題を話し合う場として活動してきた。各保育所ごとの定期的な話し合いのほか、市全体の課題を協議し、行政への要望も毎年のようにおこなってきたという。

所沢市の認可保育所は「保育の質」の高さで首都圏では知られていて、こうした現場のネットワークが大きな役割を果たしてきたようだった。例えば、昔は昼寝のときに園児たちが雑魚寝していた大布団を、保問協の要望で一人ひとりの個別の布団に改めた。保護者は週末ごとに布団を自宅に持ち帰って月曜日にまた運んでくるとなっていたルールを、市がすべての布団を貸与する方式に見直した。保問協の働きかけで実現した保育所の改善点が、いくつもあったと聞いた。

二〇年ほど前には、保問協に保育園園長会、市職員労働組合(の保育部会)、市担当課も加えた四者で保育について協議する「四者検討会」も発足。保育制度にかかわる「利用者—現場の専門職—行政」が一つのテーブルに着いて定期的に話し合うという、国内では珍しい当事者参加型の保育協議の場を作っていたのだ。

所沢市では二〇〇〇年に育休退園ルールを改め、一律の「強制的退園」から実質的な「家庭による選択」へ転換していたが、それも、こうした協議での議論が作用していた。このときのルールの変更が、アキさんが言っていた「一五年前の約束」だった。

保護者と保育者が話し合う場

全国の保育所では、「父母会」や「保護者会」すら置かないところが少なくないなか、保護者の代表と保育者が対等な立場で意見交換する保問協のような民主的な機関があることはきわめて珍しいことだった。

一方、保育改革に二、三〇年前から取り組んできた欧州の福祉先進国では、「保育の質」を高める方策として「保護者や地域住民の参画」を重視するようになり、経済協力開発機構（OECD）が各国政府におこなう保育政策の提言にも反映されるようになった。その意味で、所沢市の保育のネットワークは先進的な取り組みだったといえた。

埼玉県は一九七〇年代から革新県政となり、所沢市は県内でも公務員の労働組合が活発なことで知られていた。市内に二〇か所ほどある市立保育所で働く公務員保育士のグループは大きな影響力を持ち、それが保育ネットワークの運営を支えて、保育の質の向上をうながす力にもなっていた。

措置制度で始まった社会福祉制度では、自治体は税の配分を決める権限を持ち、福祉サービスの利用者を決めてきた。措置制度は、福祉サービスを提供する自治体が主体の仕組みで、利用する当事者の声を反映させるインセンティブは働きにくい。

これに対し、福祉社会が成熟した欧州の主要国では、利用者のニーズや意識が多様化し、現場専門職の専門性も高まるなか、政策の効果を高める方法として現場の意向を重視する政策決定へとシフトしている。税や社会保険料が引き上げられ、負担感が増す国民に理解と納得をしてもらうためにも、現場や利用当事者のニーズや満足度を重視する傾向が顕著になっている。

そうした点で先進的だったといえる所沢市保育所運営だが、二〇〇〇年代に「公立保育所の民営化」案が浮上したのをきっかけに、市と保問協が全面的に対立する事態になった。保育者と保護者は結束して反対運動を展開したため、市は民営化方針の撤回に追い込まれ、これが市にとって痛恨の体験となったのである。

所沢市の事情を知るほど、育休退園ルールは、単に保育予算の節約や待機児童解消のための対策ではないことがわかってきた。やや大げさにいうならば、市側には保育行政で失った主導権を回復するという意味があり、メンツのかかった〝闘い〟という面もあるようだった。

3　弁護団や市の幹部の思い

弁護団の作戦

自治体には行政運営の裁量権が幅広く認められており、住民による行政訴訟は通常、「勝ち目はない」といわれてきた。ところが、保育制度をめぐる珍しい行政訴訟となった所沢市の育休退園訴訟には、多数の弁護士が応援のため弁護団に加わった。

弁護団の作戦は三段階だった。原告のうち母親二人は五月に出産し、七月末に退園処分が下されることが予想された。退園通知が来る前に「差し止め」を求め、通知が来たら、処分の「取り消し」を求める。さらに、判決が出るまでの期間、子どもが通園できなくなるのを防ぐため、緊急の執行停止も求めるというものだ。

行政機関が住民に「不利益処分」(特定人物の権利を制限、もしくは義務を課す行政処分のこと)を下す場合は、ていねいに説明し、その住民から反論も聞く「聴聞《ちょうもん》」をおこなうことが法律で定められている。育休退園がこの「不利益処分」にあたるなら、市はていねいな説明と聴聞をおこなう必要があった。子育て家庭に大きな影響のある制度変更なのに、市はこの聴聞をおこなわず直前に告知したとして、手続きの過失を明らかにする戦略だった。

所沢市の対応は、確かに、方針決定や周知などにかなり乱暴な印象があった。

弁護団を率いるベテラン弁護士は、保育所を運営する社会福祉法人の役員も務めるなど、保育所の実情に通じていた。「出産や子育てが大変だといわれる時代。母親たちは、いつ産むかでキャリア形成や職業の継続が左右されるとわかっているから、綿密に計画して動いているのです」と指摘した。

「今の時代の保育所は昔とは違う。若い親を支え、ともに子どもを育てていく役割も求められている。この地域なら育休中も保育所を使えるという想定で、親たちはマンションの買い替えや引っ越しをしている。制度を変えるなら『二、三年後にこうする』と事前に宣言しなければ保護者が困る。直前に告げて、すでに妊娠していた人にまで遡って適用するのは、まったくおかしい」

この弁護士によると、訴訟を回避したいと直前まで悩んでいた保護者たちに、提訴の覚悟を固めさせたのはやはり市長の言葉だった。

「あの言葉は、子どもは小さいうちはお母さんと一緒にいるのが一番という『保育所＝必要悪』説。ワーキングマザーなら仕方がないから保育所を使わせるけど、休業するなら使わせないという考え方だ。十分な定員枠がないことが根本の問題だが、そこには手を打たない。親の競争をあおる発言をくりかえし、『保活戦争』を放置している」

「少子化だから整備は慎重に」

所沢市の待機児童は、二〇一〇年には一三六人に上っていたが、市は保育所の整備を進め、同年の四七園(定員総数四三一四人)から一五年には五九園(同五一一〇人)へと受け皿を増やし、待機児童を一九人まで減らした。保育所は一六年にさらに二園増えて、六一園(同五三一〇人)となる計画だった。

ところが、国の新制度を受けて二〇一五年度から取り組む「所沢市子ども・子育て支援事業計画」では、「育休退園ルール」を導入するなど新たな独自の路線に踏み出した。市がホームページに掲げた『広報ところざわ』(二〇一五年八月号)は、その考え方を市民に説明していた。

新たな路線の一つは、保育所の整備を「抑制的」におこなうというものだった。今後、子どもの人口の減少が見込まれ、市内には幼稚園も二二園あるため、将来的に施設が過剰にならないよう保育所の新設は慎重にする、つまり、整備にブレーキをかけるという考えだった。ちなみにこれは、国が子ども・子育て支援法で「地域に需要があれば整備を」と求めた考え方とは違うものだった。

『広報ところざわ』では保育所の運営費についても言及し、公立園ではゼロ歳児一人に年間三三二万円、一歳児は二五四万円、二歳児は二一七万円の費用がかかっていること、それを税金と保護者の保育料でまかなっていることを具体的に解説。ページに添えられたマスコットキャラクター「トコろん」が「こんなにたくさんのお金がかかると、じゃんじゃん増やすわけにはいかないね…」と感想を述べていた。

保育所の運営費が多額に上り、将来は施設が余ることも心配なため、整備を抑制するという方針が伝わる内容だった。

育休退園ルールについての説明文からも、何が重視されているかが伝わってきた。このルールを今回導入した理由として、①国の新制度で「育児休業中は保育の必要性がない」と明確にされた、②育児休業中の利用の判断は市がおこなうことになった——と説明。ここでも「トコろん」が登場し、「公平な仕組みにしたんだね」とコメントしていた。

つまり、育休中の家庭が保育を利用することは、新制度の主旨に反したもので、公平性も欠けることになると解説していたのだが、この説明は、少なくとも私が理解していた新制度の本来の考え方とは違うものだった。新制度は子育て支援を強化する目的から、育休中の利用もできるだけ許容する方向で運用できるよう、市区町村の裁量を高めたはずだった。育休中は「保育の必要性はない」と決めつけていたわけではなかった。「トコろん」のコメントは、私には違和感が残るものだった。

それでも、この説明文の〝お陰〟で、所沢市の方針が鮮明になった。今後は少子化が進んで子どもは減るし、保育所には多額の公費がかかるから「整備は極力抑制したい」という意図が明確だった。そして、保育所を増やさずに限られた定員枠をうまく配分するため、育休退園ルールを導入したというロジックが読みとれた。

新制度が導入されたのは、少子化対策の柱である保育制度を充実させて、「保育所を必要とするすべての子どものため、保育の量と質を拡充する」ことが眼目のはずだった。子育て家庭のニーズが現実にあるのに、将来の需要減を心配して整備にブレーキをかけることは、新制度の趣旨に反しているのではないか、という疑問だった。

育休中の家庭にも保育の利用を認めるべきかという議論は、国の子ども・子育て会議でも賛否がわかれた注目の論点だった。結局、慎重にすべしという意見に配慮し、市区町村の運用に任せることに落ち着いたが、育休中の利用は容認していくべきというのが多数意見だった。

国を挙げて子育てを支援する気運が高まり、それを具体化した新制度が施行されたのに、所沢市では「子育て家庭の支援」より「将来の需要減」や「多大な支出」を心配して退園ルールを導入していたことがわかり、国の議論を見てきた私には驚きだった。

こうした経緯になったのはなぜか。市の担当者に会って確かめるしかないと思った。

市の保育担当幹部は

所沢市役所は、首都に隣接する三〇万人都市らしいスタイリッシュな青いタイルが目をひく建物だった。保育制度を担当するこども未来部次長と保育幼稚園課長から話を聞いた。

育休退園ルールをめぐる提訴が報じられ、市民の反応はどうだったのかをたずねると、「制度の賛否は五分五分ですね」と課長が話した。

それにしても、これほどの反発を招いたルールをなぜ導入することにしたのか。事前に質問したい事項を送っていたためか、課長の回答はなめらかだった。

「当市では、公平性に主眼を置きました。育休で母親が自宅にいて、自分で育児できる状態にある家庭と、両親とも勤めているのに保育所に入れていない家庭がある。育休で保育の必要性が低くなった人と、必要性が高いのに使えてない人、待機になっている人がいる。そうした人たちの公平性を考えると、育休中は退園が適当だろうとなったわけです」。だから、国が育休中でも利用できる例として示した「就学前の五歳」や「環境変化が好ましくない子」に限り利用を認めることにしたと説明し、「この点の対応を厳格にしました」と話した。

待機児童になり、保育所に入れなかった家庭との公平性に配慮して退園ルールを導入したことは『広報』でも説明していた。では待機児童がなくなれば、退園ルールも廃止するのか。少子化で保育定員に余裕ができてきたら、育休家庭の子も保育所に通えるのか。

「待機児童がなくなる状況とは、保育の必要性のある人たち全員が入れる『全入』になるということですね。全入になれば育休退園はやめるのかというと、そうは考えていません」。課長は、はっきりと否定した。

「私たちはもともと『育休中は保育を必要としない状態』と考えています。全入になったとしても育休中は継続利用できません。保育所の運営には公費を使っており、税の公平性の問題があるからです」

率直に説明してくれたお陰で、市の考え方の優先順位が明確になってきた。

「これは税金をいかに使うかという問題なのです」と、横で聞いていた次長が口を開いた。

「本当に必要なところにだけ税金を使うという考えでいくと、『保育の必要性のない人』に支出していいのかとなります。待機児童がいなくなっても、必要性のない人には退園してもらうのが、税負担の公平性の観点からは必要でしょう」

二人の話を聞いて、保育行政における「税の公平性」が特に重視されていることがわかった。育休退園ルールの復活では、「税の公平配分」へのこだわりが作用していたのだ。確かに、税の公平性は行政運営においては重大なテーマだ。しかし新制度の「保育の量と質を拡充する」という目的とは異なる印象があった。

ルール導入の周知は、なぜ遅れたのか

次の質問は、ルール導入の周知が遅れたのはなぜか、だった。保護者にプリントが配付されたのは導入のわずか一か月前という直前で、それが保護者の怒りを増幅させていた。

この点は市側も非を感じているようだった。課長たちの話では、前年度の二〇一四年五月には関係部署で制度の導入を決めており、九月には保育所で保護者に配る「在園児のしおり」でルール変更を伝えたつもりだったという。「それがうまく伝わっていなかった」と二人は不手際を認めた。

だが、私には、周知の遅れは単純な不手際とは思えなかった。新制度にともなって保育制度を刷新するにあたり、国はすべての自治体で「子ども・子育て会議」を設置し、新たな制度の

ローカルルールについて検討するよう求めていた。ところが、所沢市の子ども・子育て会議では、育休退園ルールが検討された形跡はなかったからだ。

会議で早く議題にしていたら、保育所の関係者にルールの変更が事前に伝わっていたはずだった。議題にしなかったのはなぜか、不思議だった。

「ええ、うちの市では子ども・子育て会議の所掌《しょしょう》に保育関係は入れていませんから。別にある保育園等運営審議会の所掌としているのです」。課長がそう説明したのに驚いた。「え、本当ですか？　では、その審議会では議論したのですか？」。改めて問い直すと、その審議会でも諮《はか》っていないことがわかった。「育休退園の関連は、こちらの審議会にも諮問はしていません。これは市が組織として決めたことですから」。

子ども・子育て会議は、くりかえしになるが、新制度の目玉の一つだった。新制度の二〇一五年度からの本格的な施行に先だち、一三年四月に国は子ども・子育て会議を設置し、全国の自治体にも同様の設置を強くうながした。国の会議はすべて公開され、何十時間もかけて保育制度をはじめ子育て政策の論点を一つ一つ協議し、合意事項を積み上げていった。

モデルになったのは、フランスの「全国家族会議」だった。首相が議長を務め、国会や行政、労使、子育て関係のNPOなど各界代表で構成された合議体で、子育て政策を多角的に議論して決定する国民的な検討の場となっていた。二〇〇八年に改組されたが、子育て当事者の代表も参画し、現場の意向を反映させる手法をとっていた。フランスが少子化を克服して「ベビーブームの国」になったプロセスに貢献したと評価されている会議だ。

この成功事例にならい、日本でも子育ての当事者を含めた関係者を集めた合議体を作ることで、効果的な事業計画を国でも自治体でも策定し、推進していくことをめざしたのが子ども・子育て会議だった。そして、この会議に期待された第一の使命は、地域の保育ニーズを反映した計画をまとめ、実行を見守っていくことだった。

だから、所沢市の子ども・子育て会議では、議題から保育制度を除外していたと聞いて、想定外の回答に驚いたのだった。また、育休退園ルールは同会議だけでなくほかの審議会にも諮らなかったと聞き、市側のある種の強固な意志を感じた。「外部の意見や当事者の意向などは聞かず、行政内で決めたい」という強い意向があるとわかったからだ。

保育制度で市区町村の責任が強化されたとはいえ、子ども・子育て会議の設置は地域に開かれた話し合いや、当事者の参画による合意形成を意図していた。思わず困惑した表情を浮かべた私に、課長は言った。

「新制度では、市区町村が主体となり、市区町村が事業計画を決めることになりましたから」

保育所の役割とは

もう一つ、次長と課長に確認したいことがあった。保護者らが「一五年前の出来事」と呼んでいた、市と保問協が交わしたという二〇〇〇年の「約束」のことだった。

進行中の訴訟にかかわるからと、二人は詳しい言及を避けたが、これを公式の「合意」や「約束」とみなされることには抵抗感があるようだった。

「私どもは、来年度に保育所を二か所増やし、二〇〇人分を新たに増やします。そうすると待機児童はなくなるはずです。うちの市は保育所整備には平成二一（二〇〇九）年ごろから力を入れてきました。県内ワースト10に入っていた待機児童数が、今年四月には一九位に下がったんです」。課長は、市として待機児童解消に努力を重ねてきたこと、あと二施設が完成したらその先の新設計画は当面ないこと、これまでの努力は正当に評価してもらいたいという思いがあることを説明した。

二〇一五年春の所沢市の待機児童は一九人と公表されていた。確かにかなり減っていて、市の努力の成果が表れていた。ただ、保育所の利用申請者は五五〇〇人ほどで、このうち「不承諾」となり〝落選〟した子どもは一七〇人に上っていた。

帰ろうとしたとき、課長から逆に質問された。

「そもそもの考え方ですが、育児のニーズに保育園がどこまでも応えるような状況でいいと思われますか？　そうすれば、幼稚園に通う家庭だって、下の子が生まれたときは上の子を保育園で預かってね、となるのではないですか」

子育て支援だから、少子化対策だからと育休家庭の保育利用を際限なく認めるなら、同じく就労していない母親が新生児と上の子のダブルのケアを一人で担っている専業主婦家庭はどうなのか。専業主婦家庭も、新生児が生まれて大変なら、上の子の保育所利用を希望したら認めるというのでいいのか、という問いだった。

「少子化対策として見ると『育休退園』なんていかがかと言われますが、幼稚園の家庭まで『保育を使いたい』となるのではないでしょうか。それでは、本来の児童福祉の根幹と違ってくるのではないですか？」

際限なく保育利用を求める保護者たちに応えるだけでいいのか。それは本来の保育所の役割や児童福祉のあり方とは違うはずだ、という問題意識があるようだった。

「就労」の要件を緩めれば、専業主婦家庭も「保育所で預かって」となるではないかという懸念を市が抱くのは、理解できる面があった。児童福祉法の見直しで、保育所利用の要件は

「保育に欠ける子」から「保育を必要とする子」に変わったものの、際限なく保護者の希望に応えていけば、「本当に困った家庭の育児だけを補完する」というもともとの役割から逸脱していくではないか。それで果たしてよいのか、という疑問だった。

「昔は子育ても地域のおじちゃん、おばちゃんに助けてもらっていましたよね。そういうことがなくて、すぐ保育園に頼ろうというのでいいのかなって思うわけです。今の親御さんと話すと、昔とは違っている。子育てに何らかの支援は必要だと思うけれど、むずかしいですねえ、保育園の位置づけをどう考えるか……」

次長もうなずきながら言った。「育休退園をきっかけに、もっと地域コミュニティとつながってほしいと考えているのです」。

集団訴訟にまで発展した行政と子育て家庭の対立。両者のあいだにある溝には、「育児のあるべき姿」や「保育所の役割」をめぐる考え方の違いが潜んでいることが見えてきた。

ちなみに、課長は所沢市で生まれて育ち、同じ場所で親世代と同居して暮らしていた。地縁にも血縁にも恵まれ、近所と助け合う昔ながらの関係を、水や空気のように自然に享受してきたようだった。二人が懐かしむ「昔」とは、自分たちが育った昭和中期の風景であり、半世紀前の市の姿だった。それを基準に、現代の育児や子育て世代を批判的に見ているように感じた。

「親は子どもとできるだけ一緒にいたほうがいいでしょう。そこを今の親御さんたちは、どう考えているかです」。子どもとの時間を大切にすることは育児の基本であり、保育所への依存を強める最近の保護者の意識を何とか変えたいと考えているようだった。

「結局、子どものためにどうすることがいいか。子どものためにどうか、だと思います」

子育ての現状を変えるため、「育休退園」を契機にしよう――。市が強気で推し進める育休退園ルールの背後に、そうした思いがあることがわかった。

4　立場を超えた悩み

ベテラン園長の思い

「この問題を、お母さんたちが自分のことと認識したのは直前の三月でした。周知が遅すぎたのです」

所沢市で認可保育所を運営する社会福祉法人の幹部、タナカさん(七五)は、保育園園長を務めたこともあるベテランの保育者だった。退園騒動で動揺する母親たちの相談にも乗り、保護者たちに同情的だった。

「市役所は昨年九月に配付した『在園児のしおり』で知らせたと言うけど、あの内容では何が変わるのか、私たち保育士にもわからなかった。園長の多くが制度の変更を認識したのも、三月になってからでした」

育休退園ルールは、園長たちにも衝撃を与えていた。

所沢市では二〇〇〇年以降、育休を取る家庭から申請があれば、園長の判断で在園している上の子の利用継続を認めることができたため、園長たちには、権限を突然、剝奪《はくだつ》されたような印象があった。そのうえ、ルール変更に戸惑う保護者への対応の矢面にも立たされていた。

市長が「保育園に入りたい入りたいって、子どもが思ってるかっていうと、きっとそうじゃない」と発言したことも、専門職としての誇りを傷つけていた。あの発言で「二歳以下の保育には価値がない」と断定されたような思いになったと、何人もの保育士から聞いていた。

タナカさんは、育休中の保育利用を容認することで、出産という重大イベントに直面する若い家族を支えてきたのだと自負していた。それだけに、これまでの努力をすべて否定されたような心境になったようだった。

各保育所に市から育休退園ルールについて連絡があったのは二月末から三月初めにかけてだったが、園長たちは同時に、妊娠中の母親へ個別に退園ルールが始まることを伝えるよう、市から言われていた。しかし、心身の安定に最も配慮してあげるべき妊婦たちが、退園となることを知って泣き出したりパニックになったりして、園長たちにもつらい仕事になったという。

所沢市は四月に入り、一か所の保育所で説明会を開いたが、それ以外の園からの説明会開催の要請には応えず、対応は園長たちに任されていた。

「市もしばらくして、さすがに説明不足だと気づいたようでした。ただ、その後、説明する内容がどんどん変わっていきました」とタナカさん。その対応ぶりも、保護者の行政不信をかえって強めることになったという。

所沢市は、前に述べたように、ゼロ〜二歳児クラスの子は原則退園というルールを導入したが、五月末には「子どもの状態により希望があれば保護者にヒアリングをおこなって判断する」とやや軟化していた。家庭の状況しだいでは例外も認めると変わり、六月になると退園した子が元の保育所に戻れるよう、先に述べたように「一〇〇点加算」する追加措置も講《こう》じた。

「それでもお母さんたちは『元の園に本当に戻れるの？』と心配しています。今の親御さんたちには、激戦の保活をくぐり抜けて、やっと指定席を獲得したという気持ちがあります。保育園に入るのに一、二年かかった人もいる。入園も退園も、市が思うほど簡単な問題ではないのです」

市は「戻れる」と安心してもらうため、「特別預かり事業」まで打ち出したが、タナカさんは、定員超過でも子どもを無理に預かるというこの異例の事業の効果にも懐疑的だった。

「うちの保育園はすでに定員を超えていて、定数の一二〇%まで子どもを受け入れています。児童福祉法には職員配置などの守るべき福祉の最低基準があるため、各園は定員を簡単には増やせません。それなのに市は、育休退園に従ってもらうためこんな事業まで持ち出した。それでも、元の園に戻ることが完全に保証されるわけではないので、保護者には安易に退園できないという気持ちがあるのです」

この特別預かり事業は、通常の保育室が定員いっぱいでも、遊技や昼寝に使うホールや空き部屋に仕切り板を入れ、臨時の保育スペースにするというものだった。「食事も一人だけホールで食べさせるのか?」「同じ年齢の仲間と遊べないのか?」「クラスの活動に参加は?」「お昼寝は?」などと疑問と批判が起きて、市は釈明に追われていた。

児童福祉法は、保育士一人が担当できる子どもの数を年齢ごとに定めていて、ゼロ歳児は三人まで、一、二歳児は六人まで、三歳児は二〇人までと施行規則で決まっている。この最低基準の順守を保育所に求める立場である自治体が、みずから基準を無視した特殊な預かりをするという矛盾に、保育現場は混乱していた。

タナカさんは、そこまで無理をするくらいなら、なぜ施設整備を進めて定員不足を解消しないのかといぶかっていた。

福祉制度の最低基準とは、福祉サービスの質と安全を守る最低ラインであり、認可保育所の多くはこの最低基準を上まわったゆとりある職員数や保育環境で運営してきた。だが、国が待機児童解消の目的で最低基準の規制緩和を進めたため、園児の「詰め込み」が都市部で広がっていた。タナカさんの保育所でも、子どもには望ましくないとわかっていても、定員の一二〇%まで園児を預かるようになっていたのだ。

そのうえ、「特別預かり事業」で適切とはいえない場所まで活用するよう要請されたのだ。

「うちの園では、もう定員は増やせません」とタナカさんは言った。

二〇〇〇年に市と保問協が交わした約束について、タナカさんは経緯も含めて知っていた。それもあって、今回の退園ルール導入には最初から否定的だったという。

「一五年前も、育休中に子どもを保育園に通わせたいという保護者がとても多かったのです。育休を取ると退園する決まりだったため、ある公立園では一つのクラスで年間六人もの園児が退園しました。一〇人ほどのクラスで年度途中から新たに六人も入ってきては、安定した集団作りはできません。このケースが発端となり、市とねばり強く話し合って決めたのが、家庭の意向を尊重するという合意でした」

　問題を解決するために議論して作りあげた合意を、時計の針を戻すように反故にされ、保育現場の関係者がいらだちを感じていることがわかった。

　タナカさんの保育所には九月に出産予定の母親がいて、予定通り生まれると、二歳児クラスに通う上の子は一一月末で退園になることが見込まれた。でも、この子は翌年四月になれば三歳児クラスに進級し、退園対象から外れて再入園できる。わずか四か月間の退園のため、保護者は上の子と生まれた子の二人分の「保活」を一度に強いられることになる。

「なぜ、たった四か月間のために退園させなければいけないのでしょうか。私には理解できません」。タナカさんは深いため息をついた。

「二歳という年齢は、活発になり、好奇心いっぱいで『どうして?』『やらせて!』を連発します。『これ僕の!』『こっちがいい!』と自己主張も強くなる。同年齢の仲間との会話を通して、『じゃあ次は貸してね』『僕もみんなとやる』と集団のなかで我慢したり協力したりする術を学びます。就学前保育では、二歳児がとても大事だと指摘する研究者もいるのです」

　タナカさんの知る三つの保育所で、二〇一五年度に一〇人以上が育休退園となる見通しだった。そして祖父母と同居している世帯は一つもなく、若い夫婦だけで新生児と上の子の育児をすることになる核家族世帯ばかりだった。

「最も不安な時期に、せめて保育所につながっていたいという親御さんたちの気持ちは、私にはとてもよくわかります」とタナカさん。「お父さんが育休を取るつもりだった家庭では、お父さんは『僕が二人を世話するなんて無理』と言っている。これでは父親の育休だって広がりません」。

イクメン・パパの動揺

育休退園ルールが、育休取得を予定していた父親まで動揺させているという話は、ほかの保護者からも聞いていた。父親の育休取得率を二〇二〇年までに一三％に引き上げようと、国は〝イクメン〟を奨励しているが、退園ルールに直撃された父親はどう考えているのか。

「ひどいと思いました。ありえない。酷すぎる。三月に知らされて、四月施行というのだって、非現実的じゃないですか」

会社員のタカシさん(三七)は、退園ルールを知ったときの衝撃を振り返りつつ話した。

妻は大学の教員。一人目の子の出産では妻が育休を取り、育児はすべて任せていた。でも、妻は代替を立てにくい専門的な職業のため、二人目の誕生では自分が半年の育休を取ろうと決めたという。

職場はタカシさんの育休を歓迎したわけではなかったが、了解を取りつけた。タカシさん自身、育児に自信があるわけではなかったが、二歳の長女が日中は保育所で過ごすなら、新生児の世話に集中することで乗りきれると算段をつけていたようだ。

三月に退園ルールの導入を知った当初は、「母親が育休をとれば退園」と聞いて、母親の育休が対象だと楽観していたという。ところが父親の育休でも退園になるとわかって、予想外の事態にショックを受けていた。

これまでに夫婦で何度も話し合いを重ね、職場とも交渉し、新しい子どもを迎え入れる準備を整えてきた。だが、保育所を利用しながら育休に挑戦するという計画の前提が覆《くつがえ》り、しかも、家庭に重大な変更をこれほど安易に持ち出す行政の無神経さにも憤っていた。

「保育園を追い出されるのでは、話が違う。二歳の幼い子どもが新しい生活リズムに慣れるのにどれほどの時間がかかるのか、市は知らないのではないか」とタカシさんは言った。

この春、長女のクラスで園児の入れ替わりがあり、担任の保育士も変わった。クラスの環境変化で長女は混乱し、体調まで崩してしまった。環境が変化した理由を言葉で説明しても、まだ理解できない。そうした二歳児の発達段階を知る親として、突然の退園で友だちも先生も失うことになれば、春を上まわる混乱になるだろうと心配していた。

タカシさんは、退園後の生活を自分なりにシミュレーションしていた。産休の明けた妻が職場復帰すると、入れ替わりで自分が育休に入る。生後一か月の新生児の世話を一人で担うのは初体験となる。授乳、オムツ替え、入浴、寝かしつけ。その合間に家事や買い物をこなす。それだけでも大きな挑戦だが、二歳児の終日の世話が加われば一日の計画はまったく違ってくる。

家の中で新生児のケアに専念しているわけにはいかず、外遊びが好きな娘を屋外に連れていくことが必須の日課となるだろう。

「二人の子の面倒をみている保護者もいるので、強くは言えませんが、『上の子が保育園に行くから、新生児一人ならがんばれるよね』と妻とは話していたんです」とタカシさん。二人目の誕生では自分ががんばろうと決意したのに、その決断が大きく揺さぶられていた。

実家は車で二時間かかり、頻繁に頼ることはできない。もし、退園ルールを事前に知っていたらどうしたか。

「育休を取るか、悩んだと思う」。タカシさんは率直に打ち明けた。「行政は対象者の話を聞いてからルールを検討してほしい。あまりに不誠実で、行政への不信感が膨らみました」。

父親の育休取得率は、国家目標からは遠いままで二〇一五年に二・六五％だった。徐々に上がっているものの、主要先進国の最低レベルで低迷している状況は変わらない。

社会の追い風を感じて育休を決意したタカシさんは、ハシゴを外されたと感じていた。

「小さい子を家で育てるよさはあると思う。でも、これまで保育園に通ってきて、幼い子でも集団生活からよい刺激を受けることを実感してきた。小さい子どもにとっての保育園の価値を市が否定しているなら、それは時代錯誤です」

ワンオペ育児の孤独

保護者による集団提訴が報じられ、「所沢の育休退園問題」をめぐってツイッターやフェイスブックなどのソーシャルメディアでも賛否両論が飛び交っていた。「家にいるのに、保育所に預けたいなんて甘えている」「私は自分の手でがんばって育ててきた」という「母親の姿勢」への批判が目立っていた。

タナカさんは、仕事と育児にがんばる母親たちを支えてきて、母親バッシングの影響を懸念していた。首都圏では長時間の通勤や長時間労働の父親が多く、母親たちは一人ですべてをこなす「ワンオペ育児」の孤独に耐えながら、夫に「早く帰ってきて」と言えずにいるという。

養生が必要な産後の数か月も、自分一人で乳飲み子の世話と家事をしているケースが多い。

「実家が近くにあっても、最近は祖父母が働いていたり、旅行や介護で忙しかったりして頼れないことが多い。若い夫婦だけで懸命に子育てしている。私のような年配の世代が思い浮かべる昔風のご近所の助け合いなんて、もうすっかりなくなっています。新しい子どもを迎え入れるときに、せめて保育園を頼りたいと思うことが、それほどワガママなことでしょうか」

政府にも戸惑い

所沢のニュースは、言うまでもなく、内閣府や厚労省など保育政策にかかわる担当者たちの耳にも届いていた。新制度が契機で発生した対立を、どう考えているのだろうか。

新制度を所管する内閣府の幹部は、当惑を隠さなかった。「所沢市の育休退園ルールは、違法かといわれるとそうとはいえないでしょう。育休時の保育利用をどう扱うかという判断は、自治体の自治事務となっており、市が判断すべきことです」。

そう前置きしながら、それでもくすぶり続ける争点がこの問題にはあることを認めた。

前に述べたように、子育て家庭が保育サービスを利用する際の手続きは、新制度の導入により一新された（図1参照）。市区町村は、利用申請した家庭について「保育の必要性」の有無をまず判断し、必要性を認定した家庭には長時間保育や短時間保育などのサービスが使えること

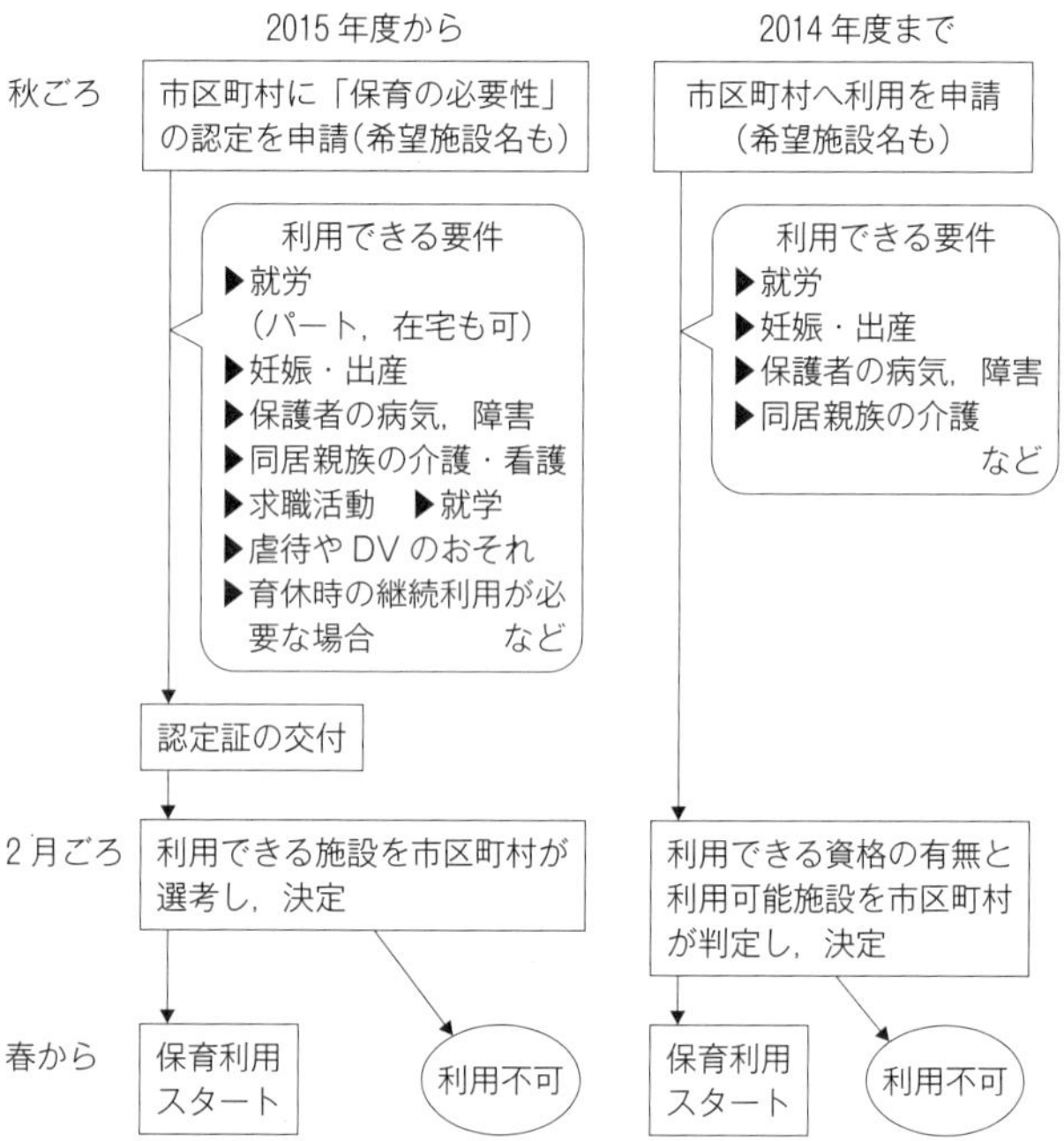

出典：内閣府の資料より著者作成

図1　保育利用の手続きの流れ

を示す認定証を交付する。

子育て支援を強化する観点から、客観的な基準にもとづいて利用資格をまず認定し、認定証をもらった家庭には利用を保障する二段階の仕組みにしたのだった。これにより、措置制度につきものの不透明な選別や、行政の都合による足切りに終止符を打つという意図があった。

ただ、「保育の必要性」の線引きをめぐっては、国による検討でも争点が残った。従来、必要性を認める理由として「就労」「妊娠・出産」「(保護者の)疾病、負傷、精神や身体の障害」「同居親族の介護・看護」「災害復旧」の五点があった。これに加えて「求職活動」「就学」「虐待やドメスティックバイオレンス(DV)のおそれ」も新たに理由として追加された。

就労していない「求職中」の親は、以前なら保育所を必要とする状態とは認められず、勉学中の学生も同様だった。新制度では、こうしたケースにも保育所利用の門戸を開き、子育て支援を強化することにしたのだった。

一方、「育休」は意見が割れたため、二〇〇二年に国が出した通知と同じ内容にとどめることにした。育休家庭の在園児が「継続利用が必要な子ども」にあてはまるかどうかを判断するのは市区町村に委ねて、下駄を預ける決着になったのである。

「育休中は自宅で保育すべきと所沢市が考えたのなら、それはちょっと違うと思う」と、内閣府の幹部は話した。「『親の就労の有無』だけでなく『子どもの健全育成』の面からも判断してほしいと、国としては考えていた。育休で退園した子が情緒不安定になったり、赤ちゃんに母親を奪われたと感じて不安になったりしないようにと。母親が産後うつなどで育児不能になる事態にもちゃんと配慮してほしいという趣旨でした」。

育休中でも「保育の必要性」があると判断するか否かは、政府の担当者のあいだでも見解がわかれていた。待機児童解消に追われるなか、厚労省には待機児童が増えかねない育休中の利用に慎重な意見が少なくないようだった。

内閣府の幹部は、個人的には、できるだけ幅広く利用を認めていいのではないかという考えだった。「最終的には市区町村の判断となるが、『親と一緒にいることが、どの子にも望ましい』と決めつけるのは行き過ぎではないか。個別のケースごとに、親と子の状態をよく見て判断するのが妥当だと考えています」。

それでは、子どもはお母さんと一緒にいたい時期という考え方はどうか。この幹部は遠慮がちに、こうした育児観には子どもの視点が抜けがちなことを指摘した。

「市は子どもの〝育ちの連続性〟を考慮していないのではないでしょうか。例えば、母親が週三日のパートで月・水・金に勤務していたとしたら、子どもは火・木は保育園を休ませるのか。運動会の前に毎日練習をしている時期ならどうするのか。子どもの発達の観点から、親が休業でも、子どもには保育が必要なことはあります」

親と子の状況を個々によく見て、適切に判断してほしい――。国は市区町村にそう期待して、保育制度の運用を委ねていた。だが、市区町村の行政にどこまで国の考えが浸透しているのか。誤解が生じていることが明確になっても、自治体の行政を軌道修正する働きかけを誰かがする気配はなかった。

「地方分権ですから、国には限界があります」。内閣府や厚労省の関係者は、口々にそう弁解した。

やっと開かれた説明会

育休退園ルールの運用が始まり、四か月がたった二〇一五年八月。保護者たちがかねて求めていた市の説明会が開催された。所沢市は保育所や公民館、市役所会議室などを会場に五回の説明会を実施したのだった。

参加は保育所の関係者に限定されたが、ほとんどの保護者にとっては、退園ルールを導入した意図や疑問点について市から直接説明を聞ける待ちに待った機会だった。しかし、各会場で質疑が次々と続いて閉会できない状況になったため、回答できなかった質問には市のホームページで回答文を掲載すると約束して終了した。

その回答文がホームページに掲載されたのは、さらに四か月後の年末から年始にかけてだった。二〇一五年度が終わりに近づいたころ、ルールを導入した理由や考え方がようやく利用者や市民に説明された形だった。訴訟が進行中だったとはいえ、準備不足のままルールを導入し、後から追加の措置や説明を加えることになったとわかる経過だった。

ホームページには、会場ごとに質疑と回答をまとめた「育児休業取得に伴う在園児の保育の利用等に関する説明会でのQ＆A」の一覧表が掲載されて、それを見ると質疑応答が九〇項目にも上った会場もあった。各会場であふれた質問の数々は、保護者たちが何を問題視したのかを示していた。それに対する市の回答には、両者のすれ違いがどこで生まれたのかを理解する手がかりがあった。

質疑応答で明らかになった論点を整理すると、表1のようになった。

保護者たちの最大の関心は、上の子に保育の継続が認めてもらえる条件の詳細だった。その条件に言及した市の回答部分を抜き出すと、以下になる。

① 上の子が三、四、五歳児クラスにいる

② 保護者の健康状態や子どもの環境変化が望ましくない場合で、具体的には「出生児の疾病」「出産した母親の疾患、障害」「多児出産」「在園児が（発達に課題があり）混合保育を受けている」「家庭の保育環境など継続が必要と認められる場合」など

病気や障害、双子や三つ子の誕生という要件を満たさなければ、あとは「家庭の保育環境」がどう判断されるのかによるということだった。その判断基準が不透明だとして、保護者たち

表1　所沢市の「育児休業取得に伴う在園児の保育利用に関する説明会」のポイント

(1) 育休家庭の在園児は基本的には保育に欠ける要件に該当しないが，これまでは各施設長が保育継続を判断する運用としてきた.
(2) 2015年度から子ども・子育て支援新制度が施行され，国は「保育の必要性」の認定理由に育休を含めたが，継続利用が認められるのは以下のケースとされた.
①次年度に小学校入学を控えているなど，子どもの発達上，環境変化に留意する必要がある場合.
②保護者の健康状況や子どもの発達上，環境変化が好ましくないと考えられる場合.
(3) 保育の必要性があるのに入園できない待機児童がいるなか，育休家庭の子に利用を認めることは公平性の観点から適正といえず，「継続利用の必要性」が認められなければいったん退園となる.
(4) ただし，退園した家庭の支援を次のように講じる.
①元在園児が再び入所申請する際は利用調整指数に100点を加算する．生まれた下の子にも100点加算し，きょうだいとも入園できるよう配慮する.
②元の園が定員いっぱいの場合，通常の保育定員とは別に遊戯室や予備室などを利用した「特別預かり事業」で受け入れる.
③「一時預かり(単発の託児)」などで，退園中の子育て支援を充実する.
④継続利用の必要性は，市が保護者と個別面談して判断する.

出典：所沢市「育児休業取得に伴う在園児の保育の利用等説明会資料」より著者作成

には不安が残っていた。

国の方向とのズレ

それでも、説明会の質疑を通して市の論拠の全体がかなり明確になった。育休中の家庭は「保育に欠ける要件を満たさず、本来、利用できない」「待機児童との公平性の観点から認められない」と説明されていて、ここが退園ルール導入の根拠とされていた。課長の話や、マスコットキャラクターの「トコろん」が公平な税の使い方について言及していたことと共通していた。

新制度は、保育政策における市区町村の役割と権限を強化したため、所沢市が保育行政で主導権を強めていたのは国の政策に沿ったものだった。ただ、新制度には、保育所の利用者の権利を強化しようとした側面もあった。求職者や学生のほか、パートタイマーなどの短時間就労者も保育所を利用することができる、短時間保育のコースを新設したのはそのためだった。

以前は認可保育所を利用できなかった人たちにも間口を広げることで、子育て支援が強化されたことを実感してもらおうとする狙いがあったのである。

そうしたなか、育休家庭を除外して間口を狭くした所沢市の方針は、やはり新制度の方向からはズレている印象があった。

「説明会でのQ＆A」で市がくりかえし強調していたのは、「保育に欠ける」という要件を満たした家庭だけに、保育所の利用は認められるという考え方だった。新制度の基本方針をめぐる国の議論を聞いてきた私には、この点にも違和感があった。

「保育に欠ける」という行政用語は、「家庭に養育能力(保育)が欠けている」という意味である。しかし、子ども・子育て支援法は、保育制度や子育て政策を「すべての子どもの健全な育ちを応援する」ため、より普遍的な支援へと転換させる意図があるのだと、私は内閣府や厚労省の関係者から説明されていた。

措置制度で使われていた「保育に欠ける」という用語に代わり、使われるようになったのが「保育を必要とする」という用語だった。保育サービスの利用も、より当事者目線にたった仕組みに改める考え方を体現した言葉だった。

このように「保育に欠ける」という上から目線を卒業するはずだったのに、所沢市の説明会では「欠ける」が多用されていた。そのことは、旧来の措置制度の発想が、市の保育行政に残っていることを意味していた。

保護者の懸念と「三歳児神話」

市の「説明会でのQ＆A」で紹介された質疑応答は全体で二〇〇項目にも上り、どの会場でも「なぜ唐突に導入したのか」「新制度を機に他市は（退園ルールを）廃止したのにおかしいではないか」などと批判がうずまいていた。

特に質問が集中していたのが、「導入の経緯」「なぜ今の時期か」「周知期間がなかったのはなぜか」という導入プロセスへの疑問だった。きちんとした説明もなく、納得できないまま導入されたルールには従いたくないという当事者たちの意識が表れていた。

情報化や国際競争にさらされた職場で日々、合理的な説明や成果の提示を求められる現代のワーキングマザーやワーキングファーザーたちが、納めた税金で運営される保育サービスについて納得できる説明を要求していたのは自然なことと思えた。

それに対し、市の対応には、納税者でもある利用者の理解と納得を得ようとする姿勢が十分あるようには見えなかった。説明責任や情報公開を軽視したための大きなツケを、事後の説明会開催やホームページでの膨大な質疑応答の報告、訴訟への対応などで払わされていた。

質疑応答から市と保護者のすれ違いのポイントが浮き彫りになった。

二人の子どもが誕生した後、家庭で育児した経験のある母親は、「精神的にも体力的にもつらかった。子どもにとっていい育児ができたとは思えない」と吐露《とろ》した。「上の子は保育園で友だちとたくさん遊び、先生に抱っこしてもらったほうが、はるかに安定した生活を送れていたと思う。市は実際に家庭で世話した人の意見は聞いたのですか？」と問いただしていた。

この声に対し、市は、「お母さんにとってはつらい時期を過ごされたと思われているかもしれませんが、お子さんにとっては、お母さんと過ごせた時間は愛情を実感できた貴重な時間だったのではないでしょうか。家庭で二人を育児することは大変であっても、子どもに接する時間が増え、笑った顔、泣いた顔、怒った顔、困った顔など、さまざまな表情を見ることができるはず。これまで気づかなかった面も見え、あのときの経験が現在の子育てや今の自分の支えになっているという意見も聞いています」と回答していた。

幼い子が家庭、もしくは家庭的な場で安定して育まれ、養育者との愛着や信頼を形成することが人格の土台を形成するという認識は、近年の脳科学の発展で科学的にも裏づけられるようになった。ところが、説明会でいっせいに反発していたのは、こうした乳幼児の成長・発達の経過を知っている子育ての経験者たちだった。「ワンオペ育児」や産後うつ、育児不安などの苦しさも味わった母親たちは、観念的な「理想の育児」を語られても、引き下がる余地はない様子だった。

「子どもが退園させられたら、友だちや先生との生活が奪われ、家では新生児の世話に忙しい母親にかまってもらえなくなる。それは『発達上、好ましくない環境変化』にあたるのではないですか」。そう質問した母親に対し、市はまたもや、「育休中はお母さんとの時間を大事に」「親子がふれあう大切さを確認する期間にしてほしい」と説いていた。

子どもたちの不安

説明会で保護者たちが口にした最大の懸念は、退園する子どもたちの生活変化にあった。そして、保育園から離れたら、親自身も孤立するという不安が大きいこともうかがえた。

ある母親は、四月に入園したばかりの上の子が、きょうだいが生まれることでわずか数か月で退園になることを心配していた。

「保育園に慣れるまで子どもも自身もよくがんばってくれました。共働きだから、育休後にも保育園の生活は続きます。育休中にあえて退園することが、この子にとってよいことなのでしょうか」

こうした質問にも、市の回答は「(退園家庭のための)子育て支援に努めます」というものだった。「お子さんたちの感情には『保育園で遊びたい』『どうして(退園)?』といったこともあるかと思いますが、同時に『お母さんと一緒で嬉しい』という気持ちもあるのではないでしょうか」と反論していた。

他方、保護者たちの声には切迫した育児の現実があふれていた。

「上の子が退園になると困るからと、育休を取らず産後八週で復帰するというママがいる」

「〝妊活〟を始めたいが、今年度のようなことがあると安心して子育てできない」

「退園すると地域とのかかわりが減って孤立化し、虐待リスクが高まるのではないか」

「父親(夫)が長期不在で、助けてくれる親族もいない。退園すると『孤育』になる」

「一番の不安は子どもの気持ちだ。なぜ保育園に行けなくなったのか、まだ理解できない。そうした親の不安は『継続理由』に含めてもらえないのか」

これでは安心して産めないではないか——。そう訴える親たちに、市は「公平性を考慮した」「重視したのは平等な保育」という説明をくりかえしていた。

地域のつながりが失われ、子育てをする家庭が孤立する現実。育児不安や産後うつ、さらには児童虐待が多発するようになった。平成の初めに年一〇〇〇件ほどだった児童虐待相談対応件数は二〇〇四年度に三万件を上まわり、一八年度には一五万件を超えた。家庭が常に、すべての子どもにとって最も安全とは、単純に言えなくなっている。

時代環境の変化を、市はどれほど踏まえて新しいルールを導入したのか。回答からは、そうした跡はうかがえなかった。

II

社会のなかの保育園

1　保育所が作れない

再燃した待機児童問題

子ども・子育て支援新制度（新制度）は、消費税増税の〝見返り〟として導入されたが、二〇一五年度に新制度が始まっても待機児童はなくなるどころか各地で増え、深刻な問題が生じた。首都圏をはじめとする都市部では、保育所の新設ラッシュで保育士が不足し、待遇のよさや寮などをアピールする自治体や事業者が、地方の保育士をリクルートする動きが過熱した。そのあおりで、本州北端の津軽半島にある過疎の町で保育士が足りなくなり、保育所の定員を減らしたために待機児童が発生するといった余波もあった。

首都圏では保育所の新設が続くなか、二〇一六年に千葉県市川市で近隣住民の反対により新設計画が中止に追い込まれた。そのニュースが流れると、あちこちで保育所建設計画への反対運動が激しくなった。

待機児童問題が再燃した地域の一つに、東京都杉並区があった。ここは、この三年前、保育所に子どもが入れなかった母親たちが全国に先駆けて集団で抗議を始めたところだった。杉並区はその後、保育所整備に力を入れてきたが、保育所建設に反対する住民運動が起きて、新たな壁にぶつかる事態になっていた。

この地域は、サラリーマンと専業主婦の核家族が多く住む住宅地で、典型的な都市型住民の街だった。私もこの街で保育所を利用して子育てをしてきた一人であり、関心を抱いて取材してみると、時代の変化を軽視してきた保育行政のあり方や、地域住民と子育てする世代のあいだにある意識のギャップが浮かびあがった。

二〇一三年の「保育園一揆」

二〇一三年二月。雪が降りしきる寒空の下、杉並区役所の玄関前に赤ちゃんを抱いた母親たちが一列に並び、マイクを手にとり叫んでいた。「認可保育所を増やして」「育休が終わるのに預け先がない」「子どもを産むなということか」。待機児童になった憤りを口々に訴えていた。

杉並区ではこの春、保育所の待機児童が二八五人に急増していた。二月に「入所不可」の通知を受け取った母親たちはインターネットや電話で連絡を取り合い、約六〇人でグループ「保育園ふやし隊@杉並」を結成した。そして、行政に集団で異議申し立てをおこなう抗議活動に踏み切ったのだった。

抗議活動の様子はテレビや新聞などで驚きを持って報じられ、同じように待機児童が多数生まれていた足立区、大田区、目黒区、さいたま市などでも親による抗議活動が始まった。それまでは悔し涙で諦めるしかなかった待機児童家庭の母親たちによる反撃は、「保育園一揆」とも呼ばれ、あわてた国が「待機児童解消加速化プラン」を打ち出すきっかけとなった。

かつては区立保育所の質の高さで全国に知られた杉並区が、不名誉な「一揆」で震源地となったのには理由があった。

その一つは、待機児童数をカウントする際の「待機児童」の定義を狭めていたことだった。認可保育所に入れなかった家庭のうち、やむをえず認可外施設を使うことを決めた家庭や、育休を延長した家庭などは「待機児童」から除外していた。そのため、二〇一二年四月の入所申請は二五六〇人で、このうち入所できたのは一二三七人だったのに、この除外規定により待機児童数は五二人と発表されていた。

公表された待機児童数が少なく、隣接する区とひとけたも違っていたため、「杉並なら認可保育所に入れる」と誤解してわざわざ転居してきた親子もあった。しかし、そうした親子も入所できない悲劇が起きていたのだった。二〇一三年四月は、申請者全体の三分の二にあたる約一八〇〇人が入所できず、「希望した人の三分の一しか入所できないなんておかしい！」という憤りが、抗議した親たちに共有されていた。

だが、集団抗議にまで至った理由は、それだけではなかった。

ここは首都圏でも緑の多い住宅地で、もともとは専業主婦の母親が幼稚園を利用して子育てする「幼稚園世帯」が主流の街だった。経済的な理由から母親が働く必要のある「保育所世帯」は、福祉を必要とする困窮家庭とみなされ、非主流だった。しかし、近年は働く母親が年々増えて、区内の幼稚園では定員割れが広がる一方、保育所は慢性的な不足となっていた。

保育所不足をいっそう深刻にしていたのが、二〇〇〇年ごろから「認可保育所は新設しない」とした区の方針だった。

広めの保育室や園庭を備えた認可保育所は、保育士の配置も多くて子どもに望ましい保育環境が保障される反面、自治体にとっては施設整備や運営に大きな公費支出が伴う。そのため、杉並区は認可保育所を増やさず、代わりに認可外のミニ保育室を増やす方針で一〇年ほど続けていた。ゼロ〜五歳の就学前児童の人口に占める認可保育所の定員総数を示す「認可保育所整備率」は低下し、東京都の二三区のうち最低の水準になっていた。

ミニ保育室は、保育スペースなどの設備環境が劣るだけでなく、対象がゼロ〜二歳児に限られるため、三歳になると転園先を探す必要があるのも保護者には不安材料だった。そのため、最初から認可保育所に入りたいと希望する家庭は多く、杉並区は「保活」の激戦地となっていた。

リーダーの思い

国の待機児童対策まで動かした「保育園ふやし隊@杉並」の抗議活動は、どういう人たちが考えたのか。取材すると、結成を呼びかけたリーダーは、二児を育てている曽山恵理子さん（三六）だった。曽山さんは、ソーシャルメディアの活用にたけたデジタル世代の親らしく、意識も行動力もアナログ世代の親とは違うことに気づいた。

「保育園ふやし隊@杉並」を作った当時、曽山さんは二度目の育休中だった。上の子はすでに保育所に通っていて、「保活」の厳しさを知っていたため、児童館などで出会う育休中のママたちに保育所の情報を伝授したり助言したりしていた。そうしたつながりや、ＩＴ企業に勤務してきて培ったインターネットの活用術を生かし、二月に区から「入所不可」の通知が来て待機児童になったことが判明したら、ただちに共同で抗議することを母親たちに提案していた。

曽山さんは、四月からの職場復帰をめざして前年の一一月から毎月のように入所申請をおこなっていたが、何度も「入所不可」とされていた。認可外保育所も一四、一五か所をあたったものの、どこも五〇〜一〇〇人待ちで、自身も絶望的な状況に直面していた。

「杉並は激戦地」「認可外は妊娠初期から申し込みしないと無理」などと、ソーシャルメディアのミクシィなどを通して発信していたが、「保活」のために何をすべきかがわからず右往左往する母親たちが少なくなかった。少子化時代に社会が待望する子どもを産んだ母親たちが、待機児童問題に振り回される状況はおかしいではないか。そんな憤りを覚えて、抗議活動を呼びかけたという。

曽山さんが保育所への強い思いを持つ裏に、産後うつの体験があったこともわかった。「一人目の子を産み、最初の育休中に重い産後うつになりました。産後で体調がよくないのに家事も育児も一人でやらなければと考え、精神状態がおかしくなった。精神科医からうつと診断され、回復するまでに七年かかった。子育てで孤立すると大変なことになると知りました」と言う。

曽山さんが生まれ育った福島県の南会津では、子どもたちはいつも家の外で遊んでいた。東京では危険が多くて、親はいつも子どもから目を離せない。「子育てする親の負担が、東京ではあまりに大きい。以前は児童虐待のニュースを聞いて『虐待するなんて、ひどい親』と思ったけれど、せっぱつまった子育ては狂気と背中合わせだとわかった。ひとつ間違うと自分だって虐待しかねないと気づきました」。

孤独な育児とうつから救ってくれたのが、保育だった。精神科医の勧めで育休を早く切り上げて職場復帰し、子どもは保育士が自宅で預かる「保育ママ」に託した。翌年に移った保育所でも子育てを支えてもらい、安定した環境で暮らすなかで、うつから回復していった。

二人目の妊娠・出産では、初産の母親たちを応援する立場になったが、保育所が持つ子育て支援の機能がいかに重要かを実感してきただけに、保育所を必要とする家庭が保育所に入ることのできない待機児童問題の現状に、疑問が膨らんだと話してくれた。

区長の決意

「保育園一揆」は、杉並区の区長と職員に衝撃を与えていた。

「働く女性が増えていることは聞いていたが、それはこういうことだったのかと、あのとき初めて実感しました」。区の女性幹部の一人は当時を振り返る。

誰よりも大きな衝撃を受けていたのは、行政トップの田中良区長だった。

この三年前の二〇一〇年に初当選した田中区長は、直後に幹部職員たちに区政の課題を提出させていた。さまざまな課題を把握し、重要なテーマはすべて認識したつもりだったが、待機児童問題を提起した者は一人もなく、寝耳に水の「一揆」だった。

区長を補佐する立場だった男性幹部は、自分たちの非を認めつつ、当時の事情を話した。

「二〇一〇年まで続いた前任区長の時代は『待機児童をなくそう』と指示する一方で、『保育にカネは使うな』と言われていた。合理主義で、認可保育所は整備にも運営にもカネがかかるから作らないという考えだった。カネをかけずに保育所を増やそうとして認可外のミニ保育室ばかりを作っていた。でも、これでは待機児童問題は解決しないと区長に直言しなければならなかったのに、そうする職員はしだいにいなくなった」

前任区長の一一年間の任期中も待機児童は毎年発生していたが、認可保育所は五六か所から二か所増えただけだった。一方、ミニ保育室は三〇か所ほどに増えた。定員六〇～一〇〇人規模の認可保育所に比べて、ミニ保育室は定員二〇人規模と小さいため、全体の定員増は六〇〇人ほどにとどまった。

「長く認可保育所を作らなかったツケが大きかった。保育所整備の必要性をトップに言わなくなったわれわれ職員にも責任がある」。男性幹部は声を落とした。

田中区長は「保育園ふやし隊@杉並」の母親たちと、二〇一三年、みずから面談をして、訴えに耳を傾けた。訴えの主旨は明快だった。保育環境が充実し、保育士の配置数などで福祉の最低基準を満たしていて安心して子どもを預けられる認可保育所を必要分だけ整備してほしい――。わが子の健やかな成長を願う親として、当たり前の要望だった。

田中区長は、「お母さんたちの望む通り、認可保育所で施設整備する」と誓い、区の保育行政の転換を決めた。それから二年間で認可保育所を一八か所増やし、一二六九人分の定員増を実現した。待機児童数は、二〇一三年四月の二八五人から一五年四月の四二人へと大幅に減少。「来年はゼロだ!」と明るい楽観が広がった。

ところが、新制度のスタートが暗雲をもたらした。保育所の利用申請が杉並区でも急増。その一方で、計画した一三か所の保育所の建設が、用地確保の難航などで七か所にとどまった。翌二〇一六年四月の待機児童数は、「ゼロ」になるどころか一三六人に跳ね上がり、「このままでは一七年四月の待機児童は五〇〇人を超える」という見通しになった。区長も幹部職員も危機感で青ざめることになったのだった。

二〇一六年四月、意を決した田中区長は記者会見を開き、「すぎなみ保育緊急事態宣言」をみずから発表した。全力を挙げて最優先で認可保育所を整備し、待機児童を必ず「ゼロ」にするという区民への誓いだった。最も手間がかかる用地確保をスムーズに運ぶため、区有地も使って一年間で保育所を二六か所、定員二〇〇〇人分を整備するという、前例のない計画だった。区長は、「保育緊急事態宣言」のチラシを各戸に配布し、区民の理解と協力を呼びかけた。しかし、「聖域なく取り組む」とした事業は、地域住民に愛されてきた公園まで建設候補地に含めたため、そうした地域で反対運動をひき起こすことになったのだった。

「ここに保育所なんていらない」

強い反対運動が起きたのは、閑静な住宅地として知られる久我山と下井草だった。久我山の東原公園、下井草の向井公園、そして、同じく下井草にある井草地域区民センターの玄関前広場。この公園と広場の三か所が保育所の新設用地とされたことに、住民の反発が起きていた。

京王井の頭線の沿線にある久我山の東原公園を訪ねると、邸宅に囲まれた公園は、植栽されたスペースや遊歩道、ボール遊びができる広場などを備えていて、夕方には、近くの小学校の児童たちがやってきて遊んでいた。

同じく落ち着いた住宅街にある下井草の向井公園は、隣に区立保育所と児童館の入った建物があり、奥にはボール遊び用にフェンスで囲ったコートもあって子どもたちがよく使っている様子があった。もう一つの区民センター前の広場は、地域の祭りなどで使われる空き地だった。三か所とも地域住民に親しまれてきた公共空間で、保育所建設計画に反対する住民の署名はそれぞれ一〇〇〇〜三〇〇〇人分ほど集まっていた。

区は建設予定地ごとに住民説明会を開いていたが、この三か所では反対住民と区が正面衝突する事態になっていた。なかでも五月末に久我山で開かれた第二回目の説明会では、両者が激しく対立し、取材に来たテレビカメラの前で、幹部職員たちが建設計画を説明しようとすると住民からヤジや罵声が飛んで紛糾。会合は深夜まで五時間半も続いた。

騒然とした説明会の様子とともに、保育所に反対する住民たちの運動がメディアで紹介され、杉並区は保育所の問題でまたもや全国の注目を集めたのだった。

三か所の説明会をそれぞれ傍聴してみると、反対派の意見のなかに複数の論点が入りまじっていることがわかった。区が唐突に公園を保育所用地に決めたことへの反発が底流にあったが、この点を横に置くと、主に二つの主張があった。その一つは、

「子どもたちが安心して遊べる場所がなくなる」

「ボール遊びができるところはほかになく、この公園を取り上げるのは乱暴だ」

という子どもの利益を重視した主張。

もう一つは、

「この地域に待機児童はさほどいない。保育所は、ほかで作ればいいではないか」

「保育所ができると街の雰囲気が壊れてしまう」

という保育所の必要性を疑問視した主張だった。

前者は、地域の子どもたちの遊び場が失われることを考えれば、多くの人が「もっとも」と共感するものだった。

他方、「この地域に保育所は不要」とする後者の主張は、言葉の背後に保育所に対する一種の〝アレルギー〟がのぞいて、保育所利用家庭への違和感や偏見が感じられるものだった。それは、「保育所ができたら、どんな家庭の人が通ってくるのか心配」「この地域の雰囲気が変わるではないか」と説明会の質疑で何人かが発した言葉から伝わってきた。

保育所建設に反対する人たちの発言をいくつも聞いていくと、幼稚園で子育てをしてきた自分たちとは〝異質な人たち〟への警戒感があるのだと感じた。子育てをしてきた人たちでも、共働き家庭の今の苦境や待機児童問題に対する想像力や共感は持ちにくいようだった。福祉施策である保育所は、「迷惑な施設」「地域の不動産価値を下げる貧しい人の施設」とイメージされているらしいことも伝わってきた。

こうした懸念に対し、区は、公園に代わる遊び場の確保を約束し、放課後の小学校の校庭開放を週一回から毎日に増やすなど対策を講じると説明していた。それでも批判は収まらず、保育所を利用する家庭への違和感が、冷静な対話や歩み寄りをむずかしくしているようだった。

保育所問題はヒトゴト

溝の深さは、久我山の住民説明会が紛糾するなかで一人の母親が立ち上がり発言したときにいっそうあらわになった。赤ちゃんを抱いて会合に参加していたこの母親は、区内の認可保育所に入れなかったため、わが子をやむなく新宿区の認可外施設に預けていると話し、狭い保育室で毎日を過ごす子どもが不憫なこと、区内の保育所に空きができても、一人の枠に一〇〇〜二〇〇人が殺到して入れないことなどを切々と説明した。

保育所に入れなければ失職し、貧困に陥る家庭もある。公園の大切さはわかるけれど、保育所の必要性を理解してほしい。そう涙声で訴えていた。

ところが、この母親が話している途中で、「話を短くしてくださーい」と大声でヤジが飛んだ。ひるんだ母親がそれでも言葉をつなぎ、「自分はこの地域の住民ではないが、地元の親は怖くて発言できないから来た。そうした心情にも思いをはせてほしい」と訴えると、「なーんだ、ここの住民じゃないのか」とブーイングが起きた。そして、何事もなかったかのように建設反対の発言がまた続いた。

子どもにとって遊び場や公園が大事だと主張する人たちが、なぜ、乳幼児の安全基地である保育所にはこれほど反対するのか。疑問を感じながら聞いていた私だが、説明会でのやりとりからわかったことがあった。

それは、小学生の父親だというサラリーマンらしい男性がマイクを取り、「すでにある保育所の定員を水増しすればいい。そうすれば公園は残せるではないか」と発言したからだった。自分たちの子どもの公園は大事であり、それを守るためには、保育所に通う子どもたちは定員を超えて詰め込めばいいという主張だった。この発言に賛成の声をあげた人たちも同じ意見のようだった。

ここの住民たちが大切だと考える「地域の子ども」のなかには、保育所を利用する家庭の子どもたちは含まれていないようだった。つまり、どれだけ行政が保育所の必要性を説明しても、保育所問題はヒトゴトのままらしいことがわかった。幼稚園の家庭と保育所の家庭のあいだに深い分断の溝があり、反対派の住民のなかに保育所を使う側の人がいないために、溝を超える理解や対話が芽生えにくいことが見えてきた。

下井草の説明会でも、同じ溝を目にした。

「保育園に公園をとられると、家庭で懸命に子育てする一般のお母さんたちが困る」

「区は待機児童の家庭に、『本当に仕事しないといけないのか？』とちゃんと聞いているのか」

「(保育所の利用に)行政は歯止めをかけるべきだ」

反対派の住民の発言には、家庭で育児に専念する母親こそが正統派だという共通認識がうかがえた。こうした発言が出るたびに、住民の何人かがうなずいていた。そうした人たちのあいだでは、「働く母親のために税金を使う保育所」の建設は疑問視されていて、保育所の騒音や景観の心配よりもむしろ、「母親としての生き方」が問題視されているようだった。

説明会の終了後、新設される保育所について説明するため出席していた保育園園長の経験者に、住民の女性が詰め寄っていた。

「私は我慢して自分で子育てをしてきた。それが日本の本来の子育てだったはずです。母親が子どもを預けて働くための保育園を増やすようなことで、いいのでしょうか？」

問いつめる五〇歳前後とみられる女性に、園長経験者は逆に問いかけていた。

「子どもを産んでも、自分の人生や自立を考えることは大事ではないですか。子どものための自己犠牲がいいことでしょうか。子ども自身にも仲間や社会があったほうがいい。保育園には多くの専門職がいて、子どもの育ちを見守り、愛情を注ぐ環境があります。生きていく力をプロの集団で支援しています」

現代の保育所には、母親の就労を支えるだけでなく、子ども自身の成長や発達を専門職がサポートする役割もある。そう説明されて、女性は黙ったまま帰っていった。

久我山の説明会に来て、涙声で発言していた母親、トモカさん(三〇)に会いに行った。

トモカさんは共働きで子育てをする会社員だった。四月から新宿区のミニ保育室に長男を預けていた。杉並区では申請した認可保育所も認可外もどれも入れず全滅。通勤途上にある八か所の認可外施設に申し込んで、一年近く待ったところで空きが出て入れたのが、新宿区のこの保育室だった。

「覚悟していた以上の競争だった。妊娠して保育所について調べ始めるまで、待機児童がこれほどひどい状況だとはわからなかった。認可と認可外で申し込み方法がまったく違う。料金や選考方法も違うなんて、知りませんでした」

トモカさんは「保育園ふやし隊@杉並」に加入し、やっと「保活」仲間に出会えた。二〇一六年春、入所できなかった母親三二人で行政に集団の異議申し立てをおこない、田中区長とも面会した。要望したのは、先に述べた一三年の母親たちと同じで、「認可保育所を増やして」「保育の質を下げないで」の二点だった。

久我山の説明会の日、長男には熱があったけれど、解熱剤を与えて、無理を押して行った。人前で話すのは苦手だというトモカさんが、多数の反対派住民を前に勇気を振り絞って訴えたのは、前回の説明会を傍聴したときに住民の態度に憤りを覚えたからだという。

「一回目の説明会でも反対意見ばかりでした。『保育園が欲しい』と発言した母親の話は無視されてしまい、その人はずっとうつむいていた」。区が公園の代替となる遊び場案を示しても論点をずらして反対を主張する様子を見て、とにかく保育所に反対なのだとわかったという。

「保育所の定員を水増しすればいい、と言っていた人もいたけれど、現実を知らない。保育環境が悪い施設では、保育士が疲れ果ててすぐに辞めてしまう。こんなところに子どもを預けていていいのかと、親は悩み続ける。そうした現状を伝えなければと思いました」

トモカさん自身も、長男を一刻も早く認可保育所に入れたいと思っていて、待機児童のない地域への転居も検討していた。別れ際、「こんな状態では、次の子なんて考えられません」とつぶやいた言葉が、こちらの胸にささった。

「夢のない設計」

井草地域区民センターの前の広場に計画された保育所建設を担当したのは、首都圏で五〇〇件以上の保育所を手がけていた設計会社だった。代表取締役の井口智明さん(四一)は下井草を何度も訪れ、近隣住民への個別の説明もみずからおこなっていた。

「住民の方たちは、保育園の何が嫌なのかをわからずに反対していることが多い。環境がどう変わるかが不安で、まず反対する。でも、保育園は本当は『迷惑施設』ではないんですが……」

都内のオフィスを訪ねると、幼稚園や学校の建設も手がけてきた井口さんは、保育所の特殊性について話してくれた。幼稚園や学校には、後で述べるようにゆとりある敷地が必要なため、近隣との騒音などの問題は起きにくいが、保育所は住宅地などの人口密集地域に需要があるため、摩擦が起きやすいという。

ただ、「保育所が建つと近隣の地価が下落する」「騒音が迷惑」といった反発には誤解があるという。例えば、杉並区で建設中のある保育所では、毎日の送迎で交通量が増えるからと、区は狭かった保育所前の道路を六メートルに拡幅したため、近隣の不動産価値は上がっていた。

また、低年齢の乳幼児が使う保育所は、年上の子どもたちが集まる幼稚園や小学校より騒音の心配は少ないという。そもそも午前中は園児が散歩に出て、昼過ぎには午睡《ごすい》する。運動会は別の場所でおこなうことが多いからだ。ただ、幼稚園を利用した人が多い中高年世代には、「未知の施設」「貧困家庭の福祉施設」というイメージが強く、保育所に対する不安や懸念を大きくしている――と分析していた。

こうした不安の裏返しで、設計案を見せて説明しても、「もっと目立たない建物に」「もっと低く」「音が外に漏れないように」と注文されることが多いと、井口さんは残念がった。

「下井草の説明会では、設計図を見た住民の方が『夢のない設計だ』と感想を言っておられたが、その通りなのです。天井を高く設計すると『建物はなるべく低く、小さくして』と近隣から言われる。小さくするポイントは一つ。廊下を極力小さくし、ホールは作らないこと。四、五歳児には、保育室のほかにのびのび活動できるホールや廊下などがあったほうがいいが、建物は大きくなる。下井草でもホールや広い廊下は諦め、『夢のない設計』になりました」

東京都内では、子どもの声が園庭から外へ漏れないように、数メートルもの防音壁で園庭を囲んだ保育所も生まれている。ビルのなかで園庭もテラスもなく、外気に触れることができるベランダすらない「ビルイン保育所」や、のっぽビルの複数フロアを使った「マッチ箱保育所」も増えている。井口さんがかかわり、翌春に開所予定の保育所は約三〇か所あったが、このうち三分の二が「ビルイン」や「マッチ箱」だという。

「本当なら、保育室も四角でなく丸みのある空間にして、ゆったりとした吹き抜けを作れるといいんですがねえ」

下井草の保育所は、「夢のない設計」のなかでも、広さが十分ある用地を区が確保してくれたお陰で、手がける約三〇か所のうちで最も広さに恵まれた施設になる予定だった。

「杉並区はよくがんばっている。住民への個別訪問にも区の担当職員が同行してくれる。ただ、本当なら一〇年、二〇年前から施設の整備を始めていたら、これほど急がなくてよかった。住民に愛されている公園にも、手をつけずにすんだのではないかと思います」

反対派によるシンポジウム

何度目かの住民説明会が開かれていたころ、下井草では小さな変化が起きていた。

保育所建設をめぐる賛否で地域住民のあいだに亀裂が生じていたなか、反対派の住民が「待機児童問題をもっと理解しよう」とシンポジウムを自主的に開く企画を進めていた。

七月中旬に開かれた草の根のシンポジウムは「本当にどうする杉並の保育――みんなで考えよう！　待機児童」というテーマで、働く親たちのグループ「保育園を考える親の会」代表の普光院亜紀さんが講師で招かれていた。

普光院さんは、近年の「保活」の深刻な現状について説明し、国や自治体が発表する待機児童数が「保育所に入れない人」のすべてではなく、入所を希望する家庭は公表されている数字を超えて急増していると指摘した。「保育所は不足しているだけでなく、新しい保育所では保育の質が低下していて、働く親には過去最大のピンチが起きている」と話した。

学校教育法にもとづく幼稚園設置基準で、幼稚園には広い園庭を備えることが義務化されているため、都市部にある幼稚園が、長時間の保育も提供する認定こども園になれば待機児童解消につながり、広い園庭のある保育施設が増えることにもなる。だが、東京都内では認定こども園に移行する幼稚園がきわめて少なく、新設の保育所は、認可保育所といえども園庭のない簡易な園舎が増えていると説明した。

「子どもには思い切り体を動かす空間が必要なのに、園庭のない保育所が増えている。『子どもたちのために地面をください』と言いたい」と普光院さんは強調した。

講師の話に続いておこなわれた討議では、別の登壇者が、杉並区内の待機児童は二〇一二年ごろから増加して、一六年四月には一三六人に上り、一七年四月には五六五人に増えることが予想されていると説明した。

「待機児童問題があるために、保育所に入りやすい時期を考えて、子どもを産むタイミングをコントロールする人たちもいる」「(対立が起きた下井草で)保育園家庭と幼稚園家庭の対立が、小学校に進学したときに母親のあいだで生まれるのではないかと心配する人たちもいる」などの発言もあった。会場には、下井草の住民だけでなく、久我山の建設反対派の住民や、区の担当幹部らの姿もあった。考えが対立する人たちのあいだに横たわる溝についてともに考え、亀裂を乗り越えようと模索する空気がそこには感じられた。

2　リエさんの「孤独な育児」体験

退園と復帰

所沢市で育休退園ルールによる最初の退園者が出たのは、二〇一五年六月末だった。それから三か月のうちに、四六人の園児が次々と退園になった。

退園処分を避けられないと知った保護者一一人が、処分の差し止めを求めて、さいたま地方裁判所に集団提訴に踏み切ったのは、第一号の退園が迫った六月二五日だった。

市との話し合いで提訴以外の方法をとれないかと探っていた保護者たちが、訴訟に踏み切ったのはどういう思いからか。原告の母親の一人、リエさん(三〇)に会って聞いた。

リエさんはこの年の六月、第二子を出産して八月から育休に入ったため、保育所に通っていた二歳の長女は八月末で退園させられた。退園ルールが導入されると知って、保育の継続を申請したけれど認められなかったという。悩んだ末、退園処分の取り消しと、その判決が確定するまで処分を執行停止するよう求めて提訴したと話してくれた。

さいたま地裁の対応はすばやかった。リエさんの長女の退園から一か月後にあたる九月二九日に、退園処分の執行停止を決定。お陰で、長女は一〇月から元の保育所に戻れることになった。市が決定した退園の行政処分を裁判所が停止するという、異例のケースとなったのである。

リエさんに会ったのは、長女が保育所に戻った直後のことだった。世間に注目された集団訴訟で保育所への復帰を果たし、意気軒昂《けんこう》かと思ったのに、リエさんの様子は逆だった。

「退園する前に、市の職員は『育休後は必ず元の園に戻します』と言っていたので、『それなら確約書がほしい』と頼んだがくれませんでした。市内に待機児童がいるなかで、生まれた二人目の子だって保育園に入れるかどうかわからない。育休退園してしまうと、二人分の『保活』を同時に抱えて、不安が大きい。だからお母さんたちは、『これじゃあ子どもはもう産めないよね』『退園にならないよう上の子が三歳になるまで待つと、産むタイミングをなくすよね』と言っています。次の出産をためらうというのは、当たり前です」

長女の退園をめぐって市と何度も交渉を重ね、行政への信頼感を失っていたリエさんは、そう話すと表情をいっそう曇らせた。

突然の通告

リエさんは福祉関係で働く、物腰の柔らかな人だった。会社員の夫と二歳の長女、六月に生まれたばかりの長男の四人家族で、長女のときには一年弱の育休を取っていた。長女が保育所に通い始めて、自宅―保育所―職場を行き来する生活が安定軌道に乗ったため、第二子の長男を計画的に妊娠したと教えてくれた。

ところが二〇一五年二月、保育所に長女を送っていくと園長から呼び止められた。「六月に出産して育休を取るなら、八月末に退園になる」。そう唐突に告げられ、衝撃を受けたという。

こみ上げる涙をこらえて自分の車に戻ると、車内で号泣した。その日は終日、仕事が手につかず、夕方に長女を迎えに行くと、園長に「急に言われても納得できない。どういうことですか」と泣きながらたずねた。

　それでも納得できる説明はなく、数日後に半日の休暇を取り、市役所に行って説明を求めた。育休退園ルールを導入する目的や、保育所整備の将来の展望をきちんと説明してもらったら、待機児童の家庭のために退園に協力しようと考えていた。

　ところが職員は「お母さんの気持ちはわかります」とくりかえすだけで、「どういう議論をして、この方針を決めたのか」と聞いても説明はなかった。

「これでは所沢では『産み控え』が起きて、少子化になりますよ」。思いあまってそう言うと、「そんなことはないでしょう」と軽くいなされた。「対象はなぜ二歳児以下なのか」という質問にも、数日たって「統計上の判断による」と書かれた一枚の回答文が送られてきただけだった。疑問は一つも晴れず、待機児童解消の展望も示されず、不信感だけが募った。

「泣き寝入りするしかないのかな、と思っていたら、多くの人が困っているとわかりました。市には三月のうちに説明会をしてほしいと要望書も出しました。四〇人の妊婦が『これでは困る』と訴えに行ったら、課長は憮然《ぶぜん》としていました。役所は自分たちが決めたことは絶対なのかと感じました」とリエさんは言う。

　当事者たちの不安を軽く見た行政の対応が、保護者たちを結束させたようだった。行政訴訟という最終手段へ進ませたのは、行政の姿勢だったとわかった。

「お母さんと一緒」がベストなのか

それにしても、育児や育休が初めてでないリエさんが、「育休中は退園」と聞いて、なぜ号泣するほどの衝撃を受けたのか。

リエさんによると、長女は人見知りが強く、保育所に送っていっても「朝のバイバイ」で必ず泣いていた。それが二歳になって友だちとの遊びを楽しむようになり、夫婦で安堵《あんど》したところだった。やっと慣れた保育園からまた引き離されることになり、家では母親を赤ちゃんに取られたと感じて動揺することが、夫にもリエさんにも容易に想像がついた。

幼児の発達段階や人間関係などを、いっさい考慮せず、「育休なら退園」「お母さんと一緒がいい」と一方的に決めつける行政の考え方に納得がいかなかったという。

「妊娠は嬉しいことなのに、上の子にしわ寄せがいくことになるとは思いませんでした。娘は家も好きだけど、保育園も好き。子どもの居場所を一つに絞れという考えは違うと思う。好きな友だちや先生ががたくさんいて、つながりが多くあることは、子どもにも大切。母親と一緒がいいと決めつけるのは、子どもと過ごした経験がない人の発想です」

衝撃を受けたのは、娘の問題だけが要因ではなかった。最初の育休で、赤ちゃんを一人で世話する「ワンオペ育児」に悩んだ体験も心の傷になっていた。夫は泊まり勤務が多く、赤ちゃんと二人きりの孤立した毎日は、体力的にも精神的にもきつかった。「体重の増え方はこれでいいのか、離乳食の進み具合は正常なのか。接し方やあやし方は間違っていないか……。これでいいの？　と悩み続ける日々でした」とリエさんは話した。

長女の首が座り、外出できる月齢になったころには冬が到来し、風邪や感染症が心配で外に出られなくなった。閉塞感に満ちた生活を変えてくれたのが、保育所だった。いつでも保育士に相談できて、ママ仲間とも子育ての悩みや楽しさを共有できるようになった。そして「もう一人産んでも大丈夫」と思うようになり、妊娠した。なのに「また母子だけの密室生活に戻るの？」と一気に不安がこみ上げたという。

「保育園に通い始めて、地域の人たちと初めてつながった安心感があった」とリエさんは言う。担任の保育士は「お母さん、がんばっていますね」「それでいいですよ」と声をかけてくれて、励まされてきた。娘の叱り方はこれでいいのかと迷ったときも、「大人が迷うと子どもは混乱する」「親の表情に迷いがあると見抜きますよ」と助言されて、迷いを吹っ切れた。

でも、二人目の子が誕生したら、長女は赤ちゃん返りをして甘えたがるのではないか。新生児の世話と出産した疲労で、母親の自分は追いつめられ、長女を叱りつけてしまうのではないか……。そうした不安が次々とこみ上げてきたという。

頼るもののない孤独な育児の海。そこを漂流してきてたどり着いた保育所という小島。その安全地帯でようやく安堵していたら、新しい赤ちゃんの誕生でまた海に突き落とされるのか――。リエさんの心にはそうした思いがうずまいていたのだと感じた。

一か月間の退園生活

長女が八月末に退園して一〇月一日に復帰するまで、リエさんは乳幼児二人を抱えて一か月間の育休退園を体験した。市が期待していたように「地域ときずなを築く機会」「ゆっくり育児に専念する貴重な時間」となったのだろうか。

「娘は保育園に通っていた生活から活動量が激減してしまい、あまりにも大きな変化でした」。幼児にとって、大きな生活リズムの変化が起きたとリエさんは振り返った。

保育所では毎朝、外遊びや散歩の時間があり、園児は屋外で体を動かす。追いかけっこしたり大型遊具に登ったりして汗をかき、昼食後はぐっすり昼寝する。そうした生活リズムが定着していた長女は、退園した後は新生児と一緒に過ごすため屋外には行けず、外遊びにたびたび付き添うのは、産後の母親には困難だった。公園の滑り台で遊びたがっても、赤ちゃんを抱いているリエさんは一緒に滑ってあげられない。長女は活動が制限され、日々の食欲も減退した。運動量が減って夜更かしするようになり、早寝早起きの習慣も崩れた。「遊ぼうよ」とせがまれると、ついDVDやテレビなどを見せることが増えた。リエさんは、新生児の授乳、沐浴《もくよく》、オムツ替えに追われながら、活発に動きたがる二歳児の相手をする生活に疲労困憊《こんぱい》したという。「主人には悪いけれど、そうじも洗濯もできない状況になった」と打ち明ける。

そんなとき、市役所から児童館の活動案内のお知らせが届いた。幼児向けの親子体操プログラムを見つけたので、長女が同年代の子と交流する機会を作ってあげたいと申し込んだ。

事前に問い合わせをして行ってみると、二、三歳の子が親と一緒に体操するためのプログラムで、新生児を抱いていては参加できないことがわかった。

退園の前、市の職員は「保育園の家庭は地域とのつながりがない。育休中は地域とつながってください」とくりかえし言っていた。リエさんも「地域とつながる」ことは大事だと考えていたが、市から提供された唯一の情報だった児童館の案内には、退園中の親子に適したプログラムは一つもなかった。

児童館にもがっかりした。足を運んだ児童館には図書館と公民館が併設されていて来館者が多いため、開館時間になると駐車場はすぐに満車になった。子連れ用の優先スペースなどはなく、児童館に通おうにも駐車のハードルがあった。駐車ができたとしても、児童館に通って来ていた母子のあいだでグループがすでにできあがっていて、育休中だけ加えてもらえる雰囲気はなかった。乳児に授乳したり、寝かしつけたりするためのスペースもなく、赤ちゃんを短時間だけ預かってくれるようなスタッフもいなかった。

「所沢の児童館は小中学生も対象で、乳幼児のプログラムが少ない。幼児クラスを見つけても、年度途中からは入れなかった。隣の狭山市の児童館には乳幼児がゆっくり過ごせる『子育てプレイス』があって、支援してくれるスタッフもいた。時間制限なくゆったり過ごせて、読み聞かせなどのプログラムが毎日あった。所沢市は地域とかかわるようにと言うが、どこに行けば親子でかかわりを持てるのかはわからなかった」

リエさんは途方に暮れ、市内で子育てをしている専業主婦の友人に「いつもどう過ごしているの」と聞いてみた。すると、二人の子を育てる友人は「図書館に一日中いる」と話した。「家にずっといたら発狂しそうになるから、ずっと図書館」と聞いて、驚いた。

地域に居場所がないのは、育休中の自分たち親子だけでないのでは。専業主婦の母親たちはいつもこの閉塞感のなかで子育てしているのかもしれない――。保育所を離れた一か月でそう気づいたという。「自宅で育児するママたちにも、もっと子育てのサポートが必要です。市は児童館や子育て支援の場を充実させるべきだと思います」。

地裁は退園を執行停止

さいたま地裁は、九月末にリエさんの長女の退園処分を執行停止したのに続き、一二月末には別の二人の処分にも執行停止を認めた。三件の行政処分の停止は、市と原告のあいだで硬直状態に陥っていた対立関係に変化をもたらした。

地裁の判決は、リエさんの産後の体調不良を踏まえて、「諸事情を勘案すると、保育の利用を継続する必要性がないと断ずることはできない」とし、さらに「継続不可決定を違法とみる余地もないとはいえない」と、行政の処分に対し厳しい指摘をした。

訴訟で争点になっていた点については、

① 保育所の保育により人格形成に重大な影響があることは明らかで、保育を受け始めた子がその機会を喪失することによる損害は小さくないと思われる

② 出産後の健康不安を抱えた母親や家庭の事情をみると、保育継続の必要性がないとは断定できない

③　保育の利用を解除した処分は「不利益処分」にあたるというべきで、改正児童福祉法の下では「聴聞」の手続きをとる必要があると考えられる

――として、退園の決定について効力を停止するという結論を示した。

育休にともなう退園処分が「不利益処分」にあたるなら、市の職員が電話で事情を聞いた簡単なヒアリングでは不十分だったことになる。

判決は、退園処分が児童に「重大な損害」をもたらす可能性を指摘し、退園決定を即座に差し止める判断を示した。裁判所は、育休退園させる場合は、園児と家庭の事情を十分に考慮して慎重に判断するよう求めたといえた。

所沢市は、保育の継続か退園かの判断は自治体の権限であり、保護者が異議申し立てをしても応じないという姿勢だったが、リエさんの判決に続いて一二月にも退園処分を差し止める判決が出て、再考を求められた形になった。

「市は育休退園の扱いで慎重にならざるをえなくなった」。原告をサポートしてきた弁護団は安堵していた。

注目された判決

判決は、市が避けてきた争点、つまり、保育所に通ってきた子ども自身にとっての「保育を受ける権利」について、裁判所の見解を示した面でも注目された。

判決文は、保育所の保育が子どもの人格形成に重要な影響を与えていることや、いったん保育所に通い始めた子どもにとっては、継続して保育を受ける機会を失う損害は後でカバーできるものではないことに言及していた。原告の保護者が主張した「子どもの保育を受ける権利」の考え方を、実質的に是認する内容であった。

子どもが三歳未満でも、保育所の保育をうけることに重要な意味があると認め、退園による「重大な損害」を避けるために、速やかに保育所に復帰させる必要があるという判断を示した。

退園が「重大な損害」となりうる理由については次のように書かれていた。

「幼児期は、人格の基礎を形成する時期であるから、児童にとって、幼児期にどのような環境の下でどのような生活を送るかは、こうした人格形成にとって重要な意味を有するものである。そして、児童は、保育所等で保育を受けることによって、集団生活のルール等を学ぶとともに、保育士や他の児童等と人間関係を結ぶこととなるのであって、これによって、児童の人格形成に重大な影響があることは明らかである。そうすると、一旦、本件保育所で保育を受け始めたA（児童の名）が、本件保育所で継続的に保育を受ける機会を喪失することによる損害は、A、ひいては親権者である申立人にとって看過し得ないものとみる余地が十分にある」

こう言及したうえで、保育所で保育を受けられなくなることは子どもと親の双方にとって「酷な事態」ともいえると指摘し、退園の処分をすぐに停止すべきと結論づけていた。

地裁は、子どもの人格形成にかかわる教育的機能を保育所の果たしている役割の一つと認め、保育を通して学びや社会性を育む機会を持つことは、子ども自身の利益として重要である点に光をあてていたのである。

年が明けた一月、リエさんの長女に「保育の必要性」を認めるという通知が届いた。リエさんが育休中でも、長女には通園の必要性があると市が認定したのだった。一度は退園処分になった原告家庭の子どもは、三人とも通園できるようになった。

「所沢効果」

地裁の判決は、ほかの自治体の関心を集めることになった。大きな裁量権を持つ行政の決定に、裁判所がノーと言うことは異例だったからだ。とりわけ、所沢市と同じく育休退園ルールを定めていた自治体には、退園処分に「待った」がかかったことで波紋を広げていた。

全国の主要な一〇〇都市のうち、育休退園ルールを二〇一五年五月時点で定めていたのは、静岡市、熊本市、岡山市、平塚市、所沢市の五市だった(「保育園を考える親の会」調べ)。このうち静岡、岡山、平塚の三市は、一六年度以降はこのルールを廃止する方針に転じた。一〇〇都市に含まれない群馬県高崎市は、育休が一年以上になる場合は退園するルールだったが、一五年一〇月に見直し、通園を継続できるように改めた。

静岡県島田市も、二〇一六年度から「育休中も継続を認める」とルールを変えた。「所沢市がきっかけで、この制度がクローズアップされることになった」と、島田市の保育支援課長は話した。所沢の集団提訴が注目され、地元新聞が「育休退園ルール」のある県内自治体を調べて、島田市を含む六市が該当すると報じていた。それを知った市民や市議から、市役所に批判や疑問が寄せられたという。

市は県内状況を調べたうえで、保育所を利用する保護者や園長会の意見を聞いた。保護者にはルール廃止を求める要望が強くあることがわかり、退園した子どもの環境の変化や元の保育所に戻れないリスクがあることも考慮し、希望すれば保育所に通うのを継続できることにした。

「若い世代に子どもを『産みたい』と思ってもらえる町にしようと決断しました」と保育支援課長は言う。「これまでは、『育休中の親がみることができるなら退園を』とうながしてきたが、昔とは子育ての環境が変わった。いろいろな家庭があり、孤立してつらい家庭もある。保育園による保護者への支援は重要になっており、昔と状況は違います」。

退園ルールを廃止した別の自治体にも聞いてみると、「人口減少が進んで第二子、第三子を産みやすい環境を作ることが大事だと考えた」「保育所の増設で受け皿が整い、廃止することを決めた」などと理由を説明された。新制度のスタート時には温存された育休退園ルールだったが、所沢の効果で廃止する動きが全国で広がっていた。

3　家庭保育室への〝飛び火〟

家庭保育室とは

新学期に向けて「保活」が山場を迎えていた二〇一六年二月。所沢市で新たな問題が浮上していた。育休退園の訴訟で原告を支えた弁護士のもとに、所沢市の家庭保育室を利用する母親たちから相談が舞い込んだのである。

「市を相手に私たちも裁判をしたい。法的手段をとる方法を教えてほしい」

家庭保育室とは、市が独自に助成するミニ保育室で、電話したナツミさん(三三)は長女をその一つに預けていた。育休退園とは関係ない立場のはずなのに、退園ルールへの怒りで訴訟も考え始めていた。

原因は、育休退園した家庭のための「一〇〇点加算」だった。退園した家庭が子どもを再び保育所に入れたいとき、利用調整で持ち点に一〇〇点が加算される優遇措置だが、その余波で、家庭保育室から認可保育所へ移ろうとしていた三歳児が不利になり、転園先が見つからないケースが生まれていたのである。

認可外保育所の一つである家庭保育室は、待機児童が多いゼロ〜二歳児の受け皿となるよう所沢市が増やしてきて、市内に約二〇か所あった。定員は一九人以下で、ゼロ〜二児歳だけを預かる小規模な保育室のため、給食室や園庭などはなかったが、待機児童になった家庭にはありがたい存在だった。ただ、三歳になると転入する認可保育所を探さねばならず、市は確実に転園できるようにと、家庭保育室を利用する家庭に二〇一四年度は「一〇〇点加算」する支援をおこなっていた。

ところが二〇一六年度用の利用調整指数表では、この「一〇〇点加算」が「二〇点加算」に減らされていて、希望した保育所に入れない家庭がいくつも生まれていた。

ナツミさんの長女が通う家庭保育室には約一〇人の子どもが通っていて、このうち三歳児の六人が転園先を探していたが、二月中に決まったのは二人だけで、四人に「不承諾」の通知が届いた。驚いて市役所に行き、説明を求めたのに素っ気なく対応されて、「一〇〇点加算」の優遇措置から手のひらを返したような冷たい扱いに二重の衝撃を受けていた。

ナツミさんの長女はまだ二歳で、転園するのは一年先だったが、同じ保育室を利用する母親たちの動揺を目の当たりにして、ナツミさんも一緒に市役所や市議会へ出かけて救済を訴えたのだった。そうしたなかで、育休退園した家庭に復帰先を最優先で確保するために、家庭保育室への加算が説明もないまま減点されていたらしいことがわかった。

「どうしよう！」。途方に暮れた母親たちは、仕事を終えた夜にカラオケボックスに集まり話し合った。そして、育休退園訴訟で保護者を支えた弁護士に相談しようとなったのだった。

三歳になったら認可保育所へ

ナツミさんは、自分のこととして憤っていた。

「三歳になったら認可保育所へ移れますから、安心して家庭保育室を使ってくださいって、私たちは市から言われていたんです。それなのに、これでは話が違う」

長女が通う家庭保育室は、駅に近いビルの二階にあり、保育室の広さでは認可保育所に見劣りするものの、保育士にはベテランが多く、熱心に子どもにかかわってくれて満足していた。ただ、納得して利用していても、子どもが三歳になると転園先を探さなければならない。この「三歳の壁」が家庭保育室の最大のネックだった。そうした保護者の不安を取り除くため、市は「保活」で有利になる「加算」を約束し、家庭保育室の利用をうながしていたという。

所沢市の家庭保育室や東京都の認証保育所など、自治体が独自に助成するミニ保育室は、二〇〇〇年代以降の規制緩和で待機児童の受け皿として急速に増えた。ただ、国が助成する認可保育所よりも利用料が割高なのに、園庭や給食設備などの条件は劣るため、人気は二番手となる。

そこで新制度では、一定の基準をクリアしたミニ保育室は「認可の小規模保育事業」とする新たな枠組みを作り、国からも運営費を助成できるようにした。

ナツミさんたちが利用する家庭保育室も、二〇一五年度からは認可の小規模保育事業となり、利用料は軽減された。経営面の安定性も増していたが、三歳で転園しなければならない「三歳の壁」は残っていた。

所沢市は、家庭保育室から転園先を探す三歳児を特定の認可保育所が優先して受け入れる「提携園」を作るよう奨励していた。二〇一四年度には家庭保育室からの転園者に「一〇〇点加算」をおこなうこととし、安心して利用できるように配慮していた。

ところが、この優遇措置が、家庭保育室を利用する家庭にも園長たちにも知らされないまま、二〇一五年の秋に見直されていたのだった。二月になって気づいた母親たちが問い合わせても「ホームページに掲載した通り」と、市の説明は不親切だった。

ホームページを見ると、二〇一五年一〇月一日付けで「家庭保育室からの卒園時には二〇点を加算」と表記が改められていて、変更した理由の説明はなかった。ホームページが変更される一か月前、市は一六年度用の「転園申請書類」を家庭保育室に送付していた。そこには、利用調整指数を変更するという説明はなく、ナツミさんたち母親は「一〇〇点加算」の継続を信じていたという。

家庭保育室を使う家庭にとって重大な変更にもかかわらず、当事者に連絡もしない市の対応に母親たちは不信感を募らせていた。

「育休退園の訴訟が起きたときは、『市内に待機児童がいるんだから、育休中くらい我慢してよ』と冷ややかに見ていました。でも、あのお母さんたちが市からどういう仕打ちを受けたのか、私たちにもわかりました」とナツミさん。

家庭保育室の母親たちは、訴訟について検討した結果、実際に待機児童にならなければ被害を申し立てて提訴するのはむずかしいとわかり、提訴よりも転園先の確保を優先することにした。

そして「泣き寝入りはしない」と誓い合い、二月下旬に自分たちのための説明会を市の職員に開いてもらった。その説明を聞いて、ナツミさんたちの家庭保育室でなぜ落選者が相次いでいたのかが明らかになったという。

二〇一六年四月に向けて、ナツミさんたちの地区では三歳児クラスの入所希望者が急増していた。それは、育休退園した二歳児がたまたまこの地区に多くいたためだったとわかった。その結果、ナツミさんたちの地区は三歳児クラスの激戦区となり、「一〇〇点加算」のある育休退園の家庭が激戦を制していた。「二〇点加算」に減った家庭保育室の三歳児はこれに太刀打ちできず、不利な状況に立たされていたのだった。

ナツミさんたちは、この地区にある九か所の認可保育所について、二〇一六年四月時点の三歳児クラスの空き状況と入所できた家庭の持ち点を教えてもらった(表2)。

三歳児クラスに空きがなかった一か所を除いて、八か所の保育所に入れた家庭の持ち点は高水準だった。五か所は「合格ライン」が一〇〇点を超え、そのうち三か所は一九〇点、一六六点、一六五点ときわめて高かった。所沢市で一般家庭が認可保育所に入る標準の合格ラインは七〇～八〇点とされていた状況からすると、大きな乖離《かいり》があった。

家庭保育室を利用する家庭は一般的に、父母のどちらかが短時間勤務をしているなどの事情で点数が低くなり、持ち点は五〇～六〇点くらいの世帯が多かった。そのため、三歳の転園でもらえた「一〇〇点加算」は大きかった。しかし、「二〇点加算」では、これを足しても夫婦フルタイムの世帯と並ぶ点数にしかならない。「一〇〇点加算」がある育休退園家庭にははるかに及ばず、退園家庭が多かったナツミさんたちの地区では、太刀打ちできない状況だったことがわかった。

表2　ナツミさんたちが作成した「2016年4月の3歳児クラス募集人数と利用調整指数の合格ライン」の一覧表

保育所	3歳児クラスの空き	合格ライン
A保育園	7人	165点
B保育園	1人	190点
C保育園	6人	100点
D保育園	6人	100点
E保育園	4人	87点
F保育園	3人	166点
G保育園	5人	69点
H保育園	7人	71点
I保育園	0人	—

一年前には自分たちにも「一〇〇点加算」があり、世帯の持ち点が一五〇～一七〇点になったため、希望する保育所へすいすいと入れていたのがウソのようだった。七〇点前後で入所できる保育所もあったが、G保育園とH保育園はどちらも駅から遠く、毎日の送迎が大仕事にな

るため、希望者が少ない保育所だった。

市が開いた説明会でナツミさんたちが知りたかったのは、「家庭保育室の加点が一〇〇点から二〇点に減らされたのは、育休退園した家庭を優先するためだったのか」という点だった。それに対し、市の回答は「育休退園した家庭は、市の制度に応じて退園していただいたのだから、復帰時には保育園を確保しなければならないと考えている。どうかご理解をいただきたい」というものだった。

育休退園のルールに従う家庭を優先するため、自分たちの子どもは後回しにされた——。ナツミさんが家庭保育室に通うことにしたのは、三歳になったら配慮してもらえるという期待があったからだった。それなのに、こんなに不公平な行政のために、家庭保育室の子どもたちは居場所を失い、待機児童の親になったら失業しなければならないのか。納得できない思いがいっそう募った。

住民集会

家庭保育室の母親たちまで翻弄《ほんろう》され、右往左往していた二月下旬、所沢市の生涯学習推進センターで保育問題を話し合う会が催された。「保活」の最新情報を交換しようと、「安心して子育てできる街にしたい!!会」が企画した住民集会だった。

大きな会議室に多数の参加者が集まり、熱心に意見交換をおこなうなかで最も関心を集めたのが、家庭保育室をめぐる問題だった。

「家庭保育室に通っていて三歳になったお子さんが、四月から通う認可保育所を見つけられない状態になっています。以前は系列の提携園などに移れたのに、その枠を育休退園から戻る家庭に取られた形になったからです。本来なら二歳までの、家庭保育室に残留するしかないのか、という状況になっています」

育休退園問題から派生した新たな事態について司会が説明すると、ナツミさんたち家庭保育室の保護者がマイクを握り、「保育園の問題について親どうしが団結する必要を感じています」と話した。集会には、育休退園訴訟で原告となった保護者や園長、保育士、市議会議員、かつて保育所を利用した保護者OB・OGなどさまざまな人が来ていた。ナツミさんたちは、「協力し合える仲間がいた」と感じ、グループにわかれた議論で家庭保育室の窮状をさらに訴えていた。

「家庭保育室に対する加点を引き下げたのに、市は私たちに何も説明しない」

「転園先が見つからず、四月からの行き場がない」

「転園の心配はいらないと市に言われていたのに、仕事を続けられなくなる」

保育制度のルールが唐突に変わり、親子が混乱に陥る様子は、育休退園のときと同じだった。会場からは、「保育が椅子取りゲームになっている」「小学生の学童保育も足りていない」などと疑問が次々に指摘された。保育所の情報が欲しくてやって来たという若い母親たちは、「この先を思うと、所沢市からの転居を考えたい」「こんな環境ならもう一人を産むのはやめようと思う」などとつぶやいていた。

家庭保育室の利用者の思い

ナツミさん親子が通う家庭保育室では、転園先が見つからない三歳児の母親三人が途方に暮れていた。見かねた園長は、特別に三歳になっても通園してよいと言っていたが、「これまで二重保育で苦しんできて、これ以上、家庭保育室は無理です」と、母親の一人は否定していた。

この家庭保育室の保育時間は午後六時までで、認可保育所より短いのがネックだった。この母親は、迎えの時間に間に合わない日は有償ボランティアに迎えをお願いしていた。子どもは保育室→ボランティアのお宅→自宅と居場所を転々としていて、保育料を二重に払うことも親には負担だった。

「でも、この状況もあと少し」と思って耐えてきたため、転園先が見つからない状況になり、「お先真っ暗でつらい」と訴えていたのである。

母親たちは市議会にも足を運んで窮状を訴えた。だが、市議には祖父母にあたるシニア世代が多く、保育制度への関心は薄いと感じた。行政も政治も、自分たちの問題を真剣に受け止めてくれないと、肩を落としていた。

「家庭保育室に通えば一〇〇点をあげると市は誘導していた。これでは『一〇〇点アゲル詐欺』ですよね」。ナツミさんはそう憤慨しながら、一方で、反省すべき点もあったと話した。

「育休退園の騒動をニュースで知ったときは、訴訟を起こすなんてモンスター・ペアレンツに違いないと思った。育休を取るなら、私たちに席を譲ってよと。でも市の対応に接して、なぜ怒っていたのかがわかった。行政は市民のためにあるものなのに、そういう運営がされていませんから」

ナツミさんが今回の問題に深くかかわった裏には、「保活」の挫折体験もあった。

会社員だった二年前、長女が生まれて認可保育所の利用申請をしたが、夫の兄が同居していたため、「乳児の世話をできる親族がいる」とみなされた。独身の義兄は家事も育児も未経験なのに、仕事をしていない同居親族がいることで「保育に欠ける」とはみなされず、持ち点が低くなって認可保育所には入れなかった。

家庭保育室を利用しながら、看護師になろうと一念発起して看護学校に入り、病院実習などで帰宅が遅くなったため、認可保育所への転園を申請した。しかし、「学生」は点数が低く、再び〝落選〟。挫折が続いて傷つき、認可保育所の家庭に起きた育休退園の問題に共感は感じなかったという。

しかし、娘が二歳になり、子どもどうしで遊ぶ環境がいかに大切かを実感するようになり、退園ルールの不合理を理解するようになった。

「育休退園の訴訟についても、『親がラクしたいからでしょ』と見る人が多い。でも、そうじゃないんです。保育園に通う生活ってスゴイ。幼い子とどう遊べばいいかわからない親も、こんなふうにやればいいんだと気づく。保育園は親が学ぶ場にもなっています」

活動的なナツミさんだが、育休中には「八方ふさがりの孤独感」に悩んだことがあったという。インターネットでつながる友だちはいても「疲れた。子どもを預かって！」とは言えない。「育児ノイローゼのときに、ソーシャルメディアはよくない。可愛いお子さんの写真投稿とかを見ると、ほかの人はみんなハッピーだと思い、いっそうつらくなる。孤独感が増すだけです」。ナツミさんの友だちには、育休中にストレスがたまって上の子を叱り続けていたら、子どもが家出したという人もいた。保育所という「避難場所」は、育休中も必要だと思うようになったという。

所沢から国会へ

二〇一六年三月二三日、東京・永田町の議員会館で待機児童問題をめぐる緊急の集会が開催された。与野党の国会議員を囲んだ保護者のなかに、所沢市から来た母親たちの姿もあった。「安心して子育てできる街にしたい!!会」のアキさんやユリさん、家庭保育室を利用するナツミさんたちが、「所沢問題」を訴えるために来ていた。

最初にマイクを手にしたアキさんが口火を切った。「私たちは育休退園の訴訟で、事実上、勝ったけれども、育休を取ると上の子どもが退園させられるルールは今も残っています。保育園のお母さんたちは『こんな制度があると子どもは産めない』と言っています。市内の保育所では第二子、第三子を妊娠する人が減っています。父親だって不安で育休を取れません。親が育休中でも、子ども自身には保育を受ける権利があることを、法律に書いてほしいのです」。

地方の保育行政で起きている混乱に、国のレベルでしっかり対応してほしいとアキさんは訴え、ほかの母親たちもうなずいていた。

家庭保育室のナツミさんは、育休退園ルールの余波で、自分たちまで巻き込まれた状況を説明した。「育休退園した家庭を優遇しようとして、矛盾が起きています。家庭保育室だけでなく、一人親家庭でさえも後回しにされる仕組みはおかしい」と訴えた。

さらに別の母親も、「育休退園をどう考えるのかを国会で議論してほしい」とたたみかけた。

集会の最後に女性国会議員の一人が立ち上がり、保護者たちに頭を下げた。「政治家は『待機児童』という言葉は知っていても、地域や家庭で何が起きているのかを知らない。申し訳なかったと思う。動いてよかったと思ってもらえる未来を作っていかねばと思っている」。

ベテラン市議の見方

所沢市議会では、当初、育休退園ルールを支持する市議が大勢を占めていた。議員たちは集団訴訟が起きても冷ややかだったが、〝騒動〟が長引くなかで家庭保育室にまで問題が波及し、いよいよ傍観していられなくなっていた。育休退園した家庭へ「一〇〇点加算」が二人分も付与される措置は過剰だという批判が、多くの市議のもとに寄せられていた。

「ダブル加点はやりすぎだ」「育休中の退園は、以前のように任意に戻せばいい」。そうした意見が、退園ルール支持だった議員からも漏れるようになっていた。

「そもそも、育休退園制度は計画的に導入したというより、市が一種の〝はずみ〟でやってしまったのだろうと思いますよ」。市の福祉行政に詳しいベテラン市議の一人は、この問題の経緯についてこう解説した。

「うちの市では、公立保育園に入退園する人を決める権限を園長たちが握るようになって、育休中の利用を認める権限は、園長たちの力の象徴となっていた。市の幹部たちは、園長たちに取られた主導権をいつか取り戻したいと考えていたのです。だから、二〇一五年度に保育制度が一新されることになり、この機会に育休中の利用を決める権限をまず、取り戻そうと考えたのだとみています」

つまり、育休退園ルールを市が導入した本当の狙いは、保育所の利用を是正することより、園長たちから主導権を奪還することにあったという指摘だった。

「待機児童がいるのだから、育休退園の制度はあっていいと思う。ただ、訴訟は想定していなかったし、保護者の反発が思いのほか強かった。そのために、予定外の『一〇〇点加算』などを後から持ち出したのだろうが、市はあのころから迷走してしまった」。市議はそう説明して、迷走する行政を嘆いた。

市議たちのあいだでは、「育休中の母親が家にいるのに、保育園を使うのはおかしい」「乳児なら年間二〇〇万円もする保育費を、本当は必要ない家庭のために使うのか」といった批判が、以前からくすぶっていたという。一部の市民からも同様の批判が、行政と議会に寄せられていた。

育休を取得できるのは正社員の恵まれた人たち。病気で働くこともできない母親が、利用調整の点数が低くて保育所を利用できないでいる。支援が必要なのに保育所を利用できない人たちがいて、待機児童の家庭もあるのだから、育休中の親子には遠慮してもらおう――。

こうした考え方が、与野党を問わず市議たちには共有されていたようだった。

福祉サービスはより困った人が優先されるべき、という考え方は福祉政策の基本だ。だが、保育所は近年、一般的な子育て家庭を支える普遍的な施策へと変容しつつあるのも事実だった。保育制度に福祉の色合いの濃淡をどう見るかで、見解もわかれるようだった。

ナツミさんの発見

ナツミさんは家庭保育室の仲間と市議会に通って議員たちに保育制度の問題を訴えていた。意見交換をしながら、保育行政と政治の関係についても理解を深めていた。

保護者への説明責任や情報提供が軽視される行政のあり方は、長年の慣行もあって一朝一夕に変えられないことを実感したようだった。

ナツミさんは、保育所の問題にかかわり、海外の同世代の目線を強く意識するようになっていた。留学した英国で知り合った香港の友人は、「育休の後に保育園に入れるかがわからなくて困る」とナツミさんがフェイスブックでぼやくと、「あなたはどこの国の人だっけ？」とたずねた。日本人だと答えると、「ああ、日本の女性は世界で一番かわいそうな人たちだものね」と返信されて絶句したという。フランスで結婚した友人から、フランスで子育てすることを勧められたこともある。でも、とナツミさんは続けた。

「私はもう少し、日本でがんばります。所沢を子育てしやすい街にできるよう、努力してみる。母親たち自身がもっと保育の問題も考えて、声を上げることが必要だと気づくようになった。自分に何ができるのか、考えているところです」

III

孤独な育児

1　子育ての孤独と産後うつ

産後うつの実状

出産した女性の一〇人に一人が「産後うつ」に苦しみ、そのなかで自殺が多発している――。二〇一八年九月、日本の妊産婦の死亡原因でトップを占めているのは自殺で、その背景に産後うつの深刻な状況があるという調査結果が報じられた。

産後うつという周産期に起きるメンタルヘルスの問題は、欧米では一九八〇年代から専門家が注目し、調査や研究が進んだ。日本でも九〇年代から一部の専門医らが関心を持ち、治療にあたってきたが、産科医療や妊産婦健診で一般的な課題として認識されるようになったのは近年のことで、うつ状態に苦しむ妊産婦の多くは見過ごされてきた。

昭和半ばに確立された日本の母子保健制度は、母子健康手帳や定期健診、母親学級など母子の命と健康を守るための仕組みを整え、「日本の妊産婦死亡率の低さは世界トップクラス」といわれてきた。ところが、出産から一年後まで対象期間を広げて二〇一五～一六年に死亡した妊産婦の事例を集めて分析した結果、出産した女性の死亡原因では「自殺」が九二人と最多で、二位だった「疾患」の二四人の四倍近いことがわかった。

見逃されてきた「周産期の闇」に光があたり、母子健康手帳の交付や妊産婦健診などをおこなってきた昭和以来の母子保健システムに、課題が生じていることが浮き彫りになった。

日本では、生まれたばかりのわが子を殺してしまう新生児の虐待死亡事例が多い。熊本市の慈恵病院は二〇〇七年、親が育てられない子どもを匿名で預けられる「こうのとりのゆりかご（赤ちゃんポスト）」を開設し、同時に、二四時間対応で妊娠の悩みの相談に応じる無料電話サービスも始めた。一〇年間で二万人以上の深刻な相談を受け止めてきたこの病院には、妊娠して一人で悩む人からの相談が、いまも全国から届く。

かつては、親族や地域の人たちに支えられていた妊娠・出産・育児の営みだが、親族や近隣の助け合いが薄れたいま、若い世代だけでおこなう孤独な営みとなっており、さまざまな困難が発生している。こうしたなか、国は「妊娠期からの切れ目ない支援」の必要性を認め、「子育て世代包括支援センター」の設置を全国の市区町村にうながすようになった。日本産婦人科医会と同学会も二〇一七年から診療ガイドラインに産後うつへの対応を明記し、身体の健康だけでなく、メンタルヘルスにも目を配るようになったが、「切れ目」が目立つ支援体制の修復は緒についたばかりだといえる。

二〇年前からの異変

出産のたいへんさは昔も今も変わらないが、日本では伝統的に「産後の肥立ち」などの言葉を使い、分娩後六～八週間ほどの産じょく期のケアを大切にしてきた。出産経験のある祖母世代やお産婆さんと呼ばれた女性たちが、妊娠と出産で疲労困憊した母体を手厚く世話する文化があった。

そうした慣習が大家族の減少とともに伝承されなくなり、里帰り出産も減少するなか、「誰にも頼れない妊産婦」が全国的に増えているとみられる。

熊本県玉名市は、保健師が産前産後のケアを重視してきた歩みがあり、英国で開発された産後うつを発見するための質問票「エジンバラ産後うつチェックシート」を熊本県が導入すると、いち早く市の乳幼児健診に取り入れた。保健師たちにとって「気になる母親」が増加していたからだった。

市のベテラン保健師、稲田明子さんは二〇年ほど前から、「お母さんたちが変わったね」「気になる様子の親子が多いね」、と同僚と話すようになっていたという。

一人で赤ちゃんを世話することに疲れて、イライラを抑えられない母親。子どもがせっかく生まれたのに「愛情を感じられない」と悩む人。疲れて表情がなく、子どもに関心を示さない人――。保健師が家庭訪問すると、涙を流して不安を訴え続ける母親もいた。

昔は見かけなかった母親たちの〝異変〟。精神的な余裕を失い、追いつめられた様子の育児は、育児不安や産後うつ、児童虐待などが多発するようになった近年の状況につながる現象だと、稲田さんはみていた。

「身体面の健康だけをチェックする従来の母子保健では足りない」と気づき、産後の母親たちの「心の健康」をチェックするために導入したのが、英国生まれの質問票だった。

「この一週間に笑うことができたか」「はっきりした理由もないのに不安になったり心配したか」など、一〇項目ほどの質問が並び、「できた」「あまりできなかった」という選択肢から実感に合う答えに丸をつけて回答してもらう。回答を点数化して集計すると、うつ的症状の深刻度合が数値でわかるため、点数が高く、精神的に不安定な母親を見つけやすくなった。

産後うつが疑われる人にはていねいに面談し、家庭訪問などの支援につなげた。「従来の問診では把握できなかった心の状態が、わかるようになりました。誰にも相談できず、一人で悩んでいるお母さんが、これほど多いのだと気づくようになりました」と稲田さんは話す。

「面談したお母さんのなかには、困りごとなどを自由に書いてもらう記入欄に『助けて！』とだけ書いた人もいました。生まれてくる子どもは年々減っているのに、支援とフォローが必要な親子は増えています」

科学的な手法で心の状態を把握できるようになり、産後の家庭で起きている事態も見えてきた。稲田さんによると、うつ的症状を発症する人たちの第一の共通点は、夫が長時間労働や転勤などのため不在がちで、母子だけで孤立した環境にいることだった。二つ目の共通点は、母親ががんばり屋さんか完璧主義のタイプで、想定外のことが日常的に起きる育児にストレスを強く感じていた。

「産後うつというのは昔もあったのだと思います。でも、周りに家族や近所の人など気にかけてくれる人が大勢いて、母親は孤立しなかった。そもそも伝統的な大家族では、子守りは祖父母の仕事でした。ところが最近は、孫の育児から手をひくおばあちゃんたちが増えていると感じます」

「人生一〇〇年時代」が迫るなか、祖父母たちは仕事や介護をしていたり、趣味や活動に忙しかったりして、孫が生まれても、全面的なサポートに乗り出す人は玉名市でも減っているようだという。

産後の四人に一人は、うつ的症状

日本でも産後うつが頻発している現状を、実態調査で明らかにしたのは国立成育医療研究センターの研究者らによる研究だった。東京都世田谷区で出産した妊産婦を対象に調査をして、ベールに包まれていた産後の現実を明らかにした。

調査は、同区内の産婦人科医の協力を得て、出産した約一七〇〇人の女性に対し、妊娠中期—出産直後—出産の二週間後—同一か月後—同二か月後—同三か月後のタイミングでメンタルヘルスの変化を追跡調査し、得られた一四〇〇人以上のデータを分析した（表3）。

それによると、産後うつのリスクは出産直後から急速に高まり、産後二週目にピークとなることがわかった。驚くことに、産婦の二五％、つまり四人に一人が、この

表3　周産期メンタルヘルスの実態調査
（世田谷区の妊産婦を対象）

調査の時期	うつ的症状が見られた人の割合
妊娠中	9.6%
出産直後	17.0
産後2週間	25.0
産後1か月	17.6
産後2か月	10.0
産後3か月	6.1

出典：2012～2014年度に実施された厚生労働科学研究「妊産婦のメンタルヘルスの実態把握及び介入方法に関する研究」（国立成育医療研究センターの研究者らが実施）

時期にうつ的症状で苦しんでいたことがわかったのだった。

母子保健法にもとづいて市区町村が提供する健康診査事業では、産後の母親の健診は義務化されておらず、おこなっている地域でもメンタルヘルスの検査はもともと含まれていなかった。出産後は、医師や看護師らの関心は新生児の赤ちゃんに移る。

乳幼児の健診は、「一歳六か月健診」と「三歳児健診」の二回が法定健診となっているが、助産師などが家庭訪問して母子の状況を確認する「こんにちは赤ちゃん事業（乳児家庭全戸訪問事業）」も生後四か月までに実施することになっているため、母親にとってうつのリスクが最も高まる産後一か月間は、公的サポートの空白期間となっている。

世田谷区の産後ケアセンター

東京都世田谷区に全国で初めての「産後ケアセンター」が開設されたのは二〇〇八年。産後の様子が気になる母親が増え、区内の児童虐待相談件数も増えていたことが背景にあった。

世田谷区には下北沢などの若者に人気の街があり、若い世代の人口流入が続いていた。一方で、「里帰り出産」が減り、夫婦だけで出産と産後に臨むケースが増えていた。虐待リスクが高まる出産直後の時期をどう支えるか。区として検討を重ね、たどり着いたのが産後のサポートに特化したユニークな施設の創設だった。

このセンターは、産後四か月までの母と子を対象とし、宿泊か日帰りで助産師や保育士、臨床心理士などの専門的なケアを受けることができる。母子を二四時間体制でサポートし、母親が疲れていたら、子どもを保育士に預けて集中して睡眠をとることもできる。

訪れてみると、母子双方の健診、乳房マッサージ、授乳の支援、入浴の指導、産後体操、心理カウンセリング、育児相談など支援のメニューが充実していて、母子の状態に合わせて滞在中のプランを組んでくれるということだった。食事のときは保育士に子どもを預け、ほかの母親たちとダイニングルームで会話と食事を楽しみ、リラックスできるように配慮されていた。

「新生児は夜間も頻繁に授乳が必要で、お母さんたちは疲れて睡眠不足にもなる。育児を心配せず、ひたすら眠ることができるだけでも、多くの方は元気を取り戻します」。助産師で同センターの二代目センター長(当時)、萩原玲子さんは言った。睡眠障害はうつにつながる初期のサインとされ、センターでは熟睡できることはうつ予防につながるとみていた。

産後の母親を睡眠と栄養のサポートで養生させ、育児の技術も伝授する。昔なら祖母たちやお産婆さんが担ったサポーター役を、専門職のスタッフが担っていた。当時、一泊二日で五万六〇〇〇円という利用料(区内在住者には区が助成)の高さにもかかわらず、区内外から利用希望者が殺到し、一五部屋ある個室はフル稼働が続いていた。

ある母親は、産後一か月で睡眠不足と過労からうつ的な症状を見せていた。「子どもが可愛いと思えない」「授乳もうまくいかない」と訴え、ふだんはこなせる家事までむずかしくなっていた。センターに四泊して休養をとり、育児の負担を軽くしてもらった。二度目の滞在で六日間の宿泊ケアを受けると、しだいに表情に明るさが戻り、育児も軌道に乗るようになった。

「最悪の状態になる前に専門家がかかわり、家事の負担を軽減し、育児のリズムを整えてあげると、お母さんたちは自分で体力と育児力を取り戻していきます」。何人もの産後の母親を応援してきた自負を込めて、萩原さんは言った。

先に述べたように、日本にはかつて、「床上げ三週間」などの言葉で産後一か月ほどは周囲が世話する文化があった。母親は授乳以外の育児や家事はせずに横になって過ごし、心身の養生に専念できた。しかし、こうした伝統が失われたうえ、高齢出産、多胎児、切迫早産、帝王切開、低出生体重児などが増えて、育児のスタート期を困難なものにしている。

厳しい条件が重なれば、不安やうつ的症状を悪化させかねない。「だから、こうした施設が必要になっているのです」と萩原さんは話した。

世田谷区には、二〇一八年現在、東京二三区で最多の九〇万人以上の住民が暮らしており、年間七〇〇〇件以上の出産があって、その四割を三五歳以上の高齢出産が占めている。

ヘルパー派遣開始

二〇〇五年から、区は出産前後の家庭に対して家事と育児をサポートする独自のヘルパー派遣をおこない、「さんさん(産前産後)サポート」と呼んでいた。サポートを希望した家庭に送ったヘルパーを通し、子育ての状況把握に努めたところ、家庭内で育児不安や疲労を抱え、孤立して行きづまる実態が見えてきたのだった。

区内で出産した母親の四割ほどがヘルパー派遣を希望していたが、その半数に育児不安の様子がうかがえた。利用者のアンケートからも「子どもの世話が大変」「寝不足」という回答が半数以上に上った。「赤ちゃんとのかかわり方がわからない」「夜泣きで困る」「近くに知り合いがいない」という相談も多かった。ヘルパーを利用した母親の三人に一人は、保健師などの相談支援へつなげてフォローしていたが、深刻化してから支援する方法では限界があった。そこで産後ケアセンターを作ったのである。

現在、子ども・若者部長を務める渋田景子さんは、産後ケアセンターの発足当時、保健師としてセンター設立のため奔走した。渋田さんは、現代の子育て家庭には育児で困難にぶつかる要因がそろっているという。核家族。高齢出産。地域の助け合いの衰退。実家の親は遠方にいるか、仕事や介護があって頼れない。若い母親自身が少子化時代に育ち、赤ちゃんに触れたことも育児を目にした経験もないところからのスタートになっている。

「今のお母さんたちの多くにとって、自分の赤ちゃんが人生で初めて触れる赤ちゃんです。社会で活躍してきて、ある日突然、子どもと二人きりの生活に変わる。同じ核家族でも、一つ上の世代は大家族で育っていて、育児の経験知があった。そこが今はまったく違うのです」

若い親がケアセンターに殺到するのは、かつての「実家」に代わるサポート機能を求める人たちが増えているためだと考えていた。

産後の三大危機

産後の女性にセルフケア・プログラムを提供するトレーナーとして活躍する吉田紫磨子さんは、四人の娘の母親だが、最初の出産後に重度の産後うつを経験していた。

気持ちがふさぎ、体を起こすのも、赤ちゃんの世話をするのも苦しい。でも「母親のくせに育児もできないなんて」と言われるのが怖くて、誰にもSOSを出せなかったという。

窮状《きゅうじょう》から抜け出す転機になったのは、二歳になった娘を保育所に預けて仕事を始め、自分の時間を持てたことだった。さらに、産後ケア教室を手がけるＮＰＯ法人マドレボニータに出会い、夫や周囲の人に「育児を助けて」と言えるようになって、孤立から抜け出せた。そして産後に苦しむ女性の多さに気づいて、ＮＰＯ法人で調査した結果を仲間と冊子『産後白書』にまとめて出版した。「出産自体がうつの原因なのではない。その後のサポートの有無が問題なのです。産後の母親たちを孤立させないことが大事です」。

最初の出産で、吉田さんは待望の赤ちゃんを妊娠したことで退職し、お産によいと聞くことは何でも取り組んだ。希望した通り自然分娩で出産した。「でも、あのころは『いいお産』がゴールだった。産んだ後の自分の心と体がどうなるかなんて、まったく知らなかった」と振返る。そして、知らなかったのは、自分だけではなかった。実際、産科医も助産師も出産後の母親のケアについてはさほど学んでいないことを後になって知った。

「産後うつという言葉も、知られるようになったのはこの一〇年ほどのこと。助産師の教科書に産後うつのことは載っていなかった。昭和からの母子保健制度がそのまま長く続き、母親の身体がどう変化するかというテキストもなかった」

吉田さんは、疑問なく信じていた「三歳児神話」や「母性神話」が、実は育児を苦しくしていることにも気づくようになった。「母親は、自分じゃないとダメ、母乳じゃないとダメと考えて、夫にすら子どもを預けられなくなる。それでは美容院にも行けない。でも、母親だけで抱え込むと、父親が子どもにかかわるチャンスまで奪ってしまう」。

長女のときの反省を踏まえ、二女は生後三か月から保育所に預けた。子どもは四人とも保育所に通い、母親の自分も社会とのつながりを断たない生活を維持した。

「ゼロ歳児に集団保育は必要ないと言う人もいる。でも、ゼロ歳児だって他の子どもたちと交流していることが、よく見ているとわかる。いないいないばあとかを一緒に楽しんで、一緒に成長している。こうした刺激や社会性は母親一人の育児では提供できない。保育園には幼児用のトイレや洗面台もあり、他の子を真似して自分で何でもできるようになっていく」

吉田さんは多くの女性たちの産後の回復を支援してきて、産後に起きるトラブルも目にしてきた。その経験から、「産後の三大危機」と呼ぶ落とし穴があると教えてくれた。

「第一の危機は産後うつ。第二は乳児への虐待。そして、第三は『産後クライシス』と呼ばれる夫婦の危機。どれも家族内で起きるトラブルです。家庭や家族にユートピアを思い描く人がいますが、そうした幻想をもう手放さないといけない。かつては地域の人たちとの共同生活があったから、家族の関係は今ほど閉鎖的にならず、煮詰まらなかった。子どもたちは二、三歳になると戸外で遊んでいました。どこの家の子だね、と皆知っていて、母親以外の人たちが見守っていました」

吉田さんの話から、地域社会に起きた劇的な変化が、保育所に期待される役割を変化させていることが伝わってきた。働く親のための託児施設だった保育所はいま、密室化する育児から親と子を解放し、育児の経験知を持たない若い父母を支える役割を担う施設となっている。少子化社会に生まれた子どもたちが、同年代の仲間と出会い、刺激しあってともに成長していく教育的な環境も提供する。

子育て家庭が孤立して、産後うつや児童虐待が増えるなか、保育所は育児に欠かせない現代の社会インフラになっている。吉田さんの経験は、それを物語っているようだった。

2　課長の発見

激動の一年

「本当に大変でした。保護者から『こんな制度は意味わからん』とか『税金泥棒』とかって怒鳴られましたし……」。二〇一六年五月、所沢市役所で久しぶりに保育幼稚園課の課長に会うと、以前は聞かれなかった弱気な言葉がこぼれた。課長の白髪が増えたと噂には聞いていたが、この一年の苦労が疲れ気味の表情からも伝わってきた。

課長によると、育休退園ルールの導入による混乱は、最初の退園者がはっきりした二〇一五年五、六月ごろがピークだったという。「継続の申請が認められなかった」「退園なんて納得できない」。担当者と話をしたい」などと苦情が殺到した。六月二五日には保護者が集団で提訴し、追いかけるようにメディアの取材も押し寄せた。

混乱のピークから一年。年度が変わり、初年度に育休退園した子どもたちは元の保育所に戻っていた。別の保育所への転園を希望した家庭も希望がかなっていた。動揺していた家庭保育室の親子も、その後の再調整で転園先を見つけていた。嵐の一年が去り、保育幼稚園課にも静けさが戻っていた。

とはいえ、訴訟が起きた原因だった退園ルールは廃止にならず、その後も運用が続いていた。若い保護者たちの猛反発があっても守り抜いたこの制度は、一年でどんな〝成果〟を残したのか。それを知りたくて市役所を再訪したのだった。

このころ、育休退園の訴訟はまだ続いていたものの、原告のうち、訴訟を続けていた三世帯の子どもたちは保育所に戻って三歳児クラスに進級し、退園ルールの対象から外れて裁判で闘う意味がなくなり、原告の保護者たち全員は裁判終了のタイミングを探っていた。

提訴した一四世帯（一八人）のうち一一世帯（一五人）は、保護者の疾病などを理由に市が「保育の必要性」があると認定し、保育を継続できることになって訴えを取り下げていた。「保育の必要性」が認定されなかった残る三世帯も、退園処分が執行停止になって子どもは元の園に戻り、この春から母親も職場復帰していた。

この三世帯には「一〇〇点加算」がなかったため「保活」に不安はあったものの、全員が認可保育所に入れてひとまず安堵していた。上の子と下の子が別の園になった世帯もあったが、どこにも入所できずに親が失業するという最悪の事態は避けられた。市内に待機児童がいるなか、市は原告の家庭にも配慮したことがうかがえた。

退園ルールから見えてきたこと

所沢市では、二〇一五年度の認可保育所の利用者は約五三〇〇人で、このうち育休退園の対象になったゼロ～二歳児クラスの園児は一六二人に上った。そのうち半数以上が保育継続を希望したが、認められたのは四六人だけで、対象者の七割にあたる一一六人が退園になった。

退園した一一六人のうち、「自主的退園」を選んだのは七八人で、継続を申請したが認められず「強制的退園」になったのは三八人だった（Ⅳ章表4参照）。つまり、退園した園児のうちの三分の一は、継続申請が却下されて退園させられた子どもたちだった。

一方、保育継続が認められた四六人のなかには、親から申請はないのに市側で継続を必要と判断したケースが含まれていた。下に生まれた赤ちゃんが多胎児や医療的ケアの必要なケースなどで育児が大変だったり、保護者が病気だったりして保育の必要性があると認定された。園長が「退園すると心配」「父親が働けなくなり、家族を見守らないと危険」などと訴えたケースもあった。

退園ルールを適用するにあたり、各家庭の養育力を確認する必要が生じたことで、課長たちは図らずも〝不安定な家庭〟が多い実態に気づくことになったようだった。保育の継続の可否を審査するために作った審査会が、まさにその舞台となった。

「園児が毎日同じ服で登園している、保護者の様子がおかしいなどと、園長が連絡してくる。それぞれの家庭の状況を把握して対応することに追われました。家庭によってさまざまな事情があり、状況がまったく違う。審査会を一年やってみて、それを痛感しました」と課長は言った。判断をひとつ間違えると、児童虐待に発展するかもしれない――。デリケートな判定をおこなう審査会の運営は緊張を強いられ、悩ましいケースには神経をすり減らしたという。福祉施設である保育所から引き離したことで問題が起きれば、「行政判断のミス」が批判を浴びることは容易に想像できたからだ。

そのため、市は、途中から審査会の仕組みを強化し、こども未来部の課長四人、公立保育園園長、精神保健福祉士、保健師も加え、より専門的な検討をおこなえる体制にしていた。

そうした過程で、「上の小学生の子どもが不登校になって悩んでいるとわかった」「親は話さないが、別の問題も潜んでいるようだ」などと、家庭内の多様な課題が浮かび上がった。審査したことで保護者のうつ病が見つかり、精神保健の専門的な支援につないだケースもあった。

「保育制度でこんな審査までやっているのは、うちくらいでしょうねえ」と課長は話した。

保育士たちの日々の見守りと支援のなかで安定的に飛行していた家庭の問題が、あたかもパンドラの箱を開けたようにいっせいに飛び出してきた印象があったようだ。箱のフタを開けたのは、他でもない彼ら自身だったのだが、疲労困憊した様子の課長には言うのを控えた。

保育所は「唯一の地域コミュニティ」

ところが、課長の話には意外な続きがあった。退園ルールの導入後、市役所に来て怒りをぶつけた母親たちの本音をもっと知る必要があると感じ、課長は個人で〝非公式ヒアリング〟をおこなっていた。当事者の心理を理解しないと安定した制度にできないと考え、ツテを頼って母親たちを訪ねて回っていたのだった。

家庭訪問したうちの一人は、市役所の窓口で退園を言い渡されて、泣きじゃくっていた母親だった。「お詫び」の気持ちを込めて訪ねると、この母親は、退園した上の子が集団生活ができなくなったことを残念がっていた。その一方、「『保活』をしなくても、きょうだいそろって元の園に入れるのは嬉しい」と話した。

課長は何人もの母親の話を聞いてみて、気づいたことがあったという。母親たちは誰もが過去の「保活」で「散々嫌な思いを経験した」と話し、「市役所に敵対心を抱いていた」と打ちあけたからだ。

「保育園にすんなり入れず、高いハードルがあったから、『市役所って何よ』と思われていた。行政への不信感が強くて、なかなか本音の話を聞かせてもらえなかった」。「保活」で苦汁をなめたことが、退園ルールへの反発をいっそう強くしていたことに気づいたという。

それでも、数人の母親に集まってもらい話を聞くなど、本音を聞き出す努力を続けた結果、退園ルールにあれほど反発した本当の理由が課長にもわかってきたようだ。

「私が会ったお母さんたちは皆、『保育園のコミュニティから抜けたくない』と考えていました。園のコミュニティから抜けることに不安を持っていた。育児のほかに仕事もする大変さに共感しあえるのは、同じ境遇のワーキングマザーだけ。地域の子育てサロンなどで専業主婦の母親に会っても、『子育てしながら社会に参加したい』という思いはわかってもらえない。職場も効率が優先されていて、子育ての苦労に共感してくれる人を見つけるのはむずかしいのだと聞きました」

地域や職場で同類の志を見つけにくいワーキングマザーには、共感しあえる仲間がいる保育所は特別な意味のある場所なのだ——。母親たちの本音を探ってみて、彼女たちにとって保育所は「唯一の地域コミュニティ」となっていることがわかったという。だからこそ、そこから引き離される退園ルールに抵抗感が強かったということを、やっと理解できるようになったと課長は話した。

気づきを与えてくれた母親の一人は、何と課長の妻だった。

「市役所に勤めていたうちの家内も、当時は育休を取ると保育園は退園でしたから」

課長の妻は、第二子の出産で育休を取り、当時の退園ルールのために上の子は保育所を退園になった。上の子を同年代の子どもと遊ばせてあげたいと思い、地域の親子交流会などに参加したが、専業主婦の母親と子どもばかり。育休中の公務員だと悟られないよう、萎縮して過ごしたという苦労話を、課長は初めて聞いたのだった。

自分の妻は退園しても問題などなく、有益な育休期間を過ごしたと信じていた課長には、驚く話だった。「保育園のコミュニティが一番、気が楽だったと聞かされました」。ヒアリングした母親たちと同じく、保育園コミュニティのよさを妻からも指摘され、胸に重く響いたようだった。

「今の若いお母さんたちは頭がいいし、情報も持っている。ただ、所属する地域のコミュニティがないから、保育園につながっていないと孤立してしまう。その不安が強かったのだと、私にもわかりました」。そうしみじみと話した。

増える行政コストと「選択制」

二〇一六年三月の所沢市議会で、市当局は育休退園ルールについて堅持する考えを改めて示した。ところが、そのころ、退園ルールを運営するための行政コストは跳ね上がっていた。

「一〇〇点加算」などの追加措置や審査会の運営などで、もともと多忙だったこども未来部の職員の業務は大幅に増加した。訴訟が始まってから二〇一六年一月までの七か月間で、職員の残業時間は庁内最高の計一七〇〇時間に及び、残業代も数百万円に上ったとみられた。訴訟の弁護士費用約五七〇万円と合わせて、かなりの追加費用が生じていたことになる。疲弊《ひへい》した職員も多かった。

陣頭指揮をとる課長には、迷いが生じていた。取材の面会が終わろうとしたころ、「実は……」と遠慮がちに課長が話した。

「育休で退園するかどうかを、家庭が選択する『選択制』を考えたほうがいいのかなって、個人的には思うんですよ」

混乱の一年を経験し、母親たちの本音に触れたことで、退園ルールを修正するべきかを考えているようだった。育休を取る家庭が、上の子の保育については退園させるか保育継続させるかを、保護者自身が選べるようにすべきではないかという思いが、課長の頭には浮かんでいるようだった。

ただ、市にとっては、園長たちから奪還した「保育利用者を決める権限」を今度は保護者に渡すことになるのではないか。大きな方針転換であり、こちらがびっくりした。

課長の案は、育休退園ルールは存続させながら、育休中に上の子を通園させたい家庭にはその選択肢も作るというものだった。退園する場合は、元の園に戻れるよう席を確保しておくという案で、保護者たちの希望を全面的に尊重した内容だった。

課長が考える「選択制」にすれば、議会からも批判されるようになった「一〇〇点加算」や

「特別預かり事業」を廃止できるし、審査会も不要になる。それはいい考えですね、と私は思わず賛同した。

ところが、課長はこの案について、国の制度との整合性が問題になると懸念していた。国の保育政策は、今も根幹に措置制度を残している。行政処分で入所を措置し、保育事業者に委託する形を守ってきた保育所は、利用者に選択権を委ねる仕組みになじまないのではないか、と。

「行政の保護が必要な子どももいるので、措置制度による保育所利用の枠組みはこれからも必要です。それも残しつつ、一般の家庭には、保護者が保育サービスを選んで自ら契約する仕組みにすればいいと思うのですが……」。そう課長は話した。

念頭には、かつての高齢者福祉の改革があるようだった。介護サービスは、以前は自治体が利用者を決める措置制度だったが、介護を必要とする高齢者が増えて「措置」から「契約」を基本とする介護保険制度に転換した。利用者である高齢者はサービスを選択する権利を持つようになり、自治体にいちいちサービス利用のおうかがいをたてなくてもよくなった。

子育て家庭が地域で孤立するいま、保育サービスの利用も、措置制度ではなく、当事者が選べる契約型の仕組みに転換する必要があるのではないか。そう課長は考えるようになっていた。

わずか一年でコペルニクス的な発想の転換が起きていて、驚いたのだった。「でも、保育制度は措置なのでねえ」。課長はそう言って、自治体だけで転換するのはむずかしいと諦めてもいたのである。

厚労省にも「想定外」

育休退園をめぐる〝騒動〟は、政府の保育政策の担当者の耳にも入っていた。訴訟が起きて、厚労省で会見も開かれていて、内心穏やかでないだろうことは容易に想像がついた。

「新制度が始まってこういうケースが出てきたのは、正直言って想定外でした」

厚労省雇用均等・児童家庭局（現・子ども家庭局）の幹部は残念そうに言った。消費税増税にともなって「保育制度はよくなった」と実感してもらいたいと、古い制度の刷新に尽力してきた一人だけに、新制度が走り出した途端に起きた混乱に無念さをにじませた。

「新制度に変わるとき、それまで保育所を利用できていた人が利用できなくなるような状況は生まれてはならない。そう考えて、『保育の必要性』の認定が幅広く認められるようにと、制度設計したはずでした。それなのに、自治体が運用を厳しくするようなことが起きてしまって……」

新制度は、消費税増税とセットで約束された新しい少子化対策で、子育て支援が格段に強化されたと国民に実感してもらうための看板政策だった。ところが、「これでは産み控えが起きる」と母親たちを怒らせるような施策がなぜ導入されたのか。国はなぜ是正をうながさないのか。

そうした疑問に、厚労省の幹部は申し訳なさそうに説明した。

「『保育に欠ける』家庭だけに利用を認める措置的な保育制度は、オール・オア・ナッシング。利用を認めるのか否かが、非常に厳格です。でも、新制度になり、『保育に欠ける』という判定から、『保育の必要性』を認める考え方に変わった。より柔軟に利用の必要性を認定できる仕組みにしたのです。以前なら認められなかった求職中の人や学生も利用を認めてよいとしました」

新制度の施行前、自治体向けに開いた説明会でも、この狙いは伝えていた。だから、運用を委ねられた自治体側で、利用範囲を狭めるような動きが出ることは想定外だったという。

ただ、新制度は市区町村の主体性を重視しているため、国から指導などはできないという考えだった。他の政府関係者に聞いても、反応は同じだった。「地方分権ですから……」。何人もが諦めまじりで言い、自治体への介入には消極的だった。

モヤモヤの幕引き

提訴から一年がたった二〇一六年六月。育休退園をめぐる行政訴訟が終幕した。原告の三世帯が求めていた訴訟の取り下げに、所沢市も同意し、地裁を舞台に展開された争いは幕引きとなった。だが、双方にモヤモヤした思いが残っていた。

「市を追い込むことはできたけれど、抜本的なルールの改善はできなかった」。原告の家庭を応援してきた「安心して子育てできる街にしたい!!会」のアキさんは、保護者たちの複雑な心境を代弁した。

育休退園ルールの問題を全国に発信し、裁判では執行停止を引き出した。一月には保護者たちが再び記者会見をして「事実上の勝利」も宣言した。でも、肝心の退園ルールは見直される気配がなかった。

この一年間で退園ルールを撤廃する動きは全国に広がり、埼玉県内でも蓮田市など三市がルールの見直しを決めた。保護者たちの行動が、保育行政に変化をもたらしていたのである。

他方、〝震源地〟だった所沢市では、二〇一五年秋に市長選がおこなわれたが、育休退園ルールを肯定する藤本市長が再選されていた。アキさんたち保護者は、政治に訴える重要性にも気づいて、院内の集会や中央省庁での会見に臨んだが、「壁の高さ」を感じていた。政治的に成果があったといえたのは、院内集会で訴えを聞いた参議院議員で民進党代表代行(当時)の蓮舫氏が、所沢の問題をツイッターで取り上げ、それを見た所沢市議の島田一隆氏が保護者たちを代弁して議会の質問で取り上げるようになったことだった。

夢中で活動した一年で、アキさん自身は価値観を共有する仲間と出会い、何よりも励まされたという。「保育園とつながりながら子育てする楽しさ」や「子どもが保育園の豊かな環境で育つ安心感」を共有する仲間と一緒に、その価値を守るために闘えたからだ。

「私も最初、保育園は子どもを預けるところというイメージでした。でも、通ってみたら違っていた。『今日は○○ちゃん、こうでしたよ』『離乳食を吐いちゃってね』などと毎日の様子を担任の先生が教えてくれる。子育てを温かく支えてもらえる。他の子たちの成長などもクラス便りで知ることができます」

アキさんは、三人の子どもたちが保育所でもらってきたクラス便りはすべて大事に保管していた。それを見せてくれながら言った。「保育園に通うと子育てがぐんと楽しくなるのです。だから二人目、三人目を産もう、仕事をして、保育園に通いながら産もうって思いました」。

二〇一五年に第三子が生まれたとき、夫は地方に長期出張していて不在だった。でも、三人の子を一人で世話しながら仕事をする生活も、保育所があれば大丈夫だと思ったという。

「保育園を通して私には複数のライフラインがあります。助けてくれる人たちがいます。子どもたちも、年長の園児から多くのことを学んでいます。お正月の七草粥には、園で本物の七草を見せてくれました。そんなこと、忙しい親はやってあげられない。多彩な学びも与えてもらえるから、育休中でもやめさせたくないと親は思うのです」

ところが、その大事なことを行政はわかっていない、とアキさんは嘆いた。モヤモヤは晴れないようだった。

3　二年目のひずみ

一、二歳児クラスで「産み控え」

育休退園ルールが二年目に入ると、保護者たちの抗議活動は収まり、制度は一見、安定軌道に乗ったようだった。しかし、保育所を利用する家庭がこのルールの趣旨を理解し、納得して受け入れたのかというと、そうではないようだった。

「安心して子育てできる街にしたい!!会」が市内の認可保育所九か所の協力を得て、二〇一三〜一五年度の三年間に妊娠・出産した世帯数を調べると、退園ルールが導入された一五年度に妊娠件数が顕著に減っていたことがわかった。

九つの保育所が把握した妊娠の件数は二〇一三年度に五三件、一四年度に六六件だったが、一五年度には一八件と急減していた。子どもを保育所に通わせる家庭では、次の子を妊娠するタイミングは上の子が一、二歳児クラスに在籍している時期が多いが、育休退園ルールの対象となったこの二つのクラスで妊娠件数が顕著に減っていた。

二〇一三年度には一歳児クラスで一二件、二歳児クラスで一九件の妊娠があり、一四年度も二四件と一八件だったが、一五年度には三件と五件だった。

「ゼロ〜二歳は退園」となる退園ルールが始まり、上の子が退園にならないように出産時期を遅らせるか、妊娠を見送った家庭が相当数あったのではないか――。この会の保護者たちはそう考え、少なくとも調査した保育所では「退園ルールによる産み控えが起きた」と分析していた。

退園に揺れるミホさん

育休退園ルールが導入された後に妊娠して、悩み続けている母親がいた。

「保育園を退園して、私とずっと一緒にいるのがこの子の幸せだとはどうしても思えない。

育休退園した先輩のお母さんたちにも聞いたけれど、上の子の退園については誰も納得していませんでした」。会社員のミホさん(三六)は、出産予定日を一か月後に控えた大きなお腹で、身を乗り出して話した。退園ルールの導入後に第二子を妊娠したが、二歳になる長男が退園となった後の不安がぬぐえなくて悩んでいた。

「不安を消そうと思い、去年、育休退園した保育園のママに『退園してよかったことがあるか』と聞いてみました。退園ルールには批判があるけれど、もしかしたらいい点もあるのかもしれない。退園に希望をみつけたいと思って会ってみました」

ところが、その母親は、「これから退園するあなたには悪いけど、正直言って何もない」と答えたという。ミホさんたちの保育所はほぼ毎日、地域の親子に園庭を開放していて、退園しても保育所の園庭で子どもを遊ばせることができた。

とはいえ、母親が生まれたばかりの新生児を抱いて屋外でずっと付き添わなければならない。

「そのママは、『わが子がこんなに楽しそうに保育園で遊ぶのに、通園はさせてもらえない』と思うとつらくなり、行かなくなったと言っていました」

ミホさんは不安を払拭するために情報収集に努めて、いっそう不安を感じていた。

長男が生まれたときの育休は、予定を早めて一一か月で職場に復帰していた。「二四時間、母子だけの世界」が来る日も来る日も続く生活に息がつまり、思考回路まで圧迫されたという。なぜ赤ちゃんが泣くのか、なぜ怒っているのかがわからず、イライラが募って限界を感じた。駆け込むように保育所に入れてもらった。

早くから預けることに反対だった夫も、通園し始めて妻と子が精神的に安定し、笑顔が戻ったのを見て、「保育園っていいよねえ」と言うようになった。

保育所のサポートに感謝してきたミホさんは、退園ルールのニュースに衝撃を受けた。二〇一五年三月に開催された市の説明会に行くと、保護者から反対の声が嵐のように起きていた。保育所を利用する家庭には子どもが三、四人いることが珍しくなく、そうした保護者たちが「保育園があるから安心して産めたんです！」と抗議していた。その様子を見て、「育休退園にひっかかる時期には、私は絶対に次の子を産まない」と心に誓ったという。

計画では、長男が二歳児クラスの年度末を迎えた二月に第二子を産もう、と考えていた。二月に出産して翌月から育休に入ると、退園になるのは四月末。そのときには、長男はもう三歳児クラスに進級していて退園対象ではなくなる、という計算だった。

ところが、長男が可愛い盛りの年ごろになり、「子どもって可愛い！」という思いが強まった。「四〇歳前に三人目を産み終えておきたい」という望みも芽生えて、計画より早く、妊娠してしまったという。妊娠が判明して、ミホさんの困惑と迷いが始まった。「退園になったら、長男は無認可保育所に通わせよう」「いや、幼稚園にしよう。でも幼稚園は入園金がかかる」などと悩み続けた。「今もまだ、退園後にどうしようかと迷っています。明日も無認可保育所を一つ、見学に行きます」と話していた。

ハキハキした話しぶりから、明るくて社交的な女性という印象だったが、退園後を心配して寝られなくなっていると聞いた。産科医の前で泣き出してしまったこともあると聞いて、精神的に不安定になりやすい妊娠期に、退園問題が妊婦を不安定にさせているとしたら、あまりに罪深いと感じた。

ミホさんが悩んでいたころ、所沢市議会では退園ルールの問題が以前より議論されるようになっていた。島田市議や何人かの議員は、退園対象となった家庭のアンケート調査をおこなうことや、制度の改善点を議論する検討会の設置を行政に提案していた。しかし、答弁に立ったこども未来部長は、「担当課や保育園の職員が、窓口や電話で意見をうかがっている」「退園中の心配事は、職員から連絡を入れてお聞きしている」と答弁していた。

「子育て世代の人口が流出」の報道

訴訟の閉幕を受けて、「安心して子育てできる街にしたい!!会」の保護者たちは二〇一六年七月に所沢市内で記者会見を開き、一年に及んだ活動を総括した。

そして、育休退園ルールの弊害として、①多子世帯が多い保育所利用の家庭に「産み控え」を引き起こす、②父親の育休取得を困難にする、③園児から集団生活や発達を支える環境を奪う、④新生児を育てる家庭から保育所のサポートを取り上げ、育児不安を増大させる——などを指摘した。

同じころ、国は「一億総活躍社会」を実現する「新・三本の矢」として、子育て支援を重視して「希望出生率一・八」を達成するという目標を掲げていた。そこで、それなら社会で活躍し、かつ複数の子どもを産み育てている自分たちの声に、国も自治体ももっと耳を傾けるべきではないかと訴え、「私たち保護者が、新しい家族を産んで育てたいと思ったときに、そうできる環境がなければ、この国に未来はないでしょう」とアピール文でも強調した。母親の一人は、「まずは保育園を増やすことが必要です」と述べていた。

二〇一六年の暮れ、育休退園ルールを保持していた熊本市が翌年度からの廃止を公表した。所沢市はついに主要一〇〇都市のなかで唯一の「育休退園のある自治体」となった。

そこに追い打ちをかけるような情報が、インターネットで流れた。東洋経済オンラインが一二月二〇日付けで配信した記事「『所沢と多摩』で三〇代が急減した深刻な事情」だった。記事は、人口の東京集中が過去五年で加速し、若年世代が東京の二三区に集まる一方、首都の郊外で三〇歳前後の「アラサー世代」が流出した状況を分析していた。流出が起きた典型例の一つとして所沢市が挙げられ、所沢市では特に二九～三三歳の子育て世代での減少が大きいと指摘された。

東洋経済オンラインは、二〇一七年四月四日にも続報として「所沢が『埼玉の人口争奪戦』独り負けの理由――急減した人口は『入間や狭山』に流出していた」という記事を配信した。二〇一〇～一五年に所沢市では県内最多の人口減少が起きていて、二〇〇〇人近い転出超過だったこと、転出人口の半数近くは子育て世代にあたる二五～四九歳だったことを書いていた。

そして、人口流出の裏に、若い世代から「子育てしにくい街」と認識されたことがあるのではないかと分析した。これが育休退園問題に距離を置いてきた市議たちにも危機感を広げた。三〇、四〇代の人口流出は、住宅を購入する世帯の減少につながり、住民税を納める主力層を減らすことになる。自治体にとって深刻な問題となることが議会でも議論された。

市議会の質問でこのテーマを取り上げた市議は、「若い世代の情報伝達力が格段に高まった今、その怖さを認識する必要がある」と、市の対応にじれったさを感じていた。

4　保護者たちの声

聞き取り調査

所沢市の育休退園ルールが始まって約二年が経過したころ、このルールの実践結果を保護者の視点からまとめた一冊の報告書が完成した。育休で退園した家庭の保護者一二人に聞き取りをおこない、その証言を詳細に記録して分析したものだった。

調査にあたった山根純佳さん(四〇)は実践女子大学准教授で、所沢市の保育所を利用する保護者でもあった。ジェンダーやケア労働が専門の研究者である。

各地で起きた「保育園一揆」の背後には、行政や政治の状況に疑問を抱いたら、問題を分析し、仲間とともに解決策を提起したり声を上げたりする新しいタイプの保護者の行動があった。デジタル世代の親たちは、泣き寝入りするかわりにインターネットを使って情報を集め、賛同者を広げて世論にも訴えかけていた。

ジェンダーやケア労働を研究する山根さんも、新しいタイプの保護者の一人といえた。身につけた学術研究の力を使い、利用者のニーズの変化に追いついていない福祉行政の課題を明らかにしていた。

聞き取り調査した対象の一二人は、母親が一一人、父親が一人だった。訴訟に加わった保護者五人も含まれていた。保護者への主な質問は、①退園ルールが持ち上がったときの心境、②退園した子どもの様子、③退園中の生活、④この制度について思うこと――だった。六四ページにわたった報告書は、育休退園に家庭側でどう対応し、不安や困惑の要因は何だったかを詳細に聞き取っており、「育休退園の体験記録集」となっていた。

一二人のうち二人は、育休退園の対象となったものの、申請が認められて保育の継続ができた家庭だった。それでも、行政への不信や、継続が正式に認められるまでの葛藤を吐露《とろ》して、「子どもの居場所」としての保育所の役割を再発見したと語っていた。

育休を取得したため、退園ルールの問題にまきこまれた父親は、「子どもは母親と一緒がいい」という市の育児観に強く反発していた。

他方、五人は保育継続を申請せず、あえて「自主的退園」を選んだ人たちだった。このうちの四人は「職場復帰するときに一〇〇点加算が欲しかった」と、みずから退園した理由を明かした。ただ、下の子の「保活」を有利にするために、上の子を退園させたことについては、

「上の子に悪かった」と罪悪感を抱いていた。あとの一人は、保育継続の申請ができることをそもそも知らなかったため退園したということだった。

市は、このルールを導入する理由として、「育休中は家庭で育児する」ことを重視していたが、「家庭での育児を大事にしたい」という理由で退園した保護者は、一二人のなかにはいなかった。

一〇〇点加算の〝特典目当て〟で自主的に退園したと話した母親は、「子どもの友だち関係が途切れる」ことが何より心配だったと語っていた。そして、自主退園した家庭だけが特別な恩恵に与り、一人親家庭など最優先されるべき人たちを差し置いて希望の園に入れたことに引け目を感じていた。「一〇〇点加算は、親の弱みにつけこんだ制度」と指摘して、「所沢っていやだよね、引っ越そうか」と夫婦で話し合ったことも打ち明けていた。

「子どもが二歳の時期に一緒にいられたのはよかった」と振り返った母親も一人だがいた。ただ、自身の実家が近く、夫の実家からも助けがあったから自分たちは大丈夫だったといい、「誰も手伝ってくれないお母さんにはきついと思う」と話した。

一二人の体験談を通して、育休中の親が乳幼児二人をダブルでケアする状況は、それぞれの子どもと「ゆっくり向き合う」ことにはなかなかならない実態を浮き彫りにしていた。そのうえ「地域のつながりを作る」ことまで期待するのは、子育ての現状を知らないがゆえの〝幻想〟といえそうだった。

実際、母親たちは「（妊娠中に）医師から安静を命じられたのに、産後の生活を考えれば考えるほど不安になった」「出産の喜びの一方、生まれたら退園になるという不安で、ジェットコースターのように気分が変わった」などと話し、退園ルールの影響で不安に陥った人が何人もいたことがわかった。上の子に外遊びをさせてあげたくて無理して外出したら、母乳が出なくなったと話した人や、逆に新生児の世話のため、上の子はＤＶＤなどを見て過ごす時間が増えてしまったと嘆く親もいた。

「専業主婦モデル」の孤独

山根さんは、ジェンダーを研究する社会学者の立場から語った。

「育休退園の制度は、『専業主婦のケアモデル』を望ましいものとして、三歳児神話が続くなかで現れてきた問題だと思います」

「専業主婦のケアモデル」とは、家庭で育児や介護に専念する専業主婦のライフスタイルを踏まえたケアの形を指す。これが「三歳までは母親が家庭で子育てに専念するのがよい」と考える三歳児神話と相まって退園ルールが生み出されたという指摘だった。

三歳児神話は、専業主婦が急速に増えた一九五〇〜七〇年代に広がった育児観だ。母親が育児に専念しなければ子どもの発達に悪影響があるとする〝脅し〟がついていて、専業主婦ケアモデルを強化する役目を果たした。しかし、調査で聞き取りした人たちには、看護師、医師、保育士などの専門職もいて、昭和に流布した神話には疑問視する見方があることを知っていた。保護者たちは、「この時代に『専業主婦モデル』に戻れというわけ？」「日本はまだこんな要求をされる社会だったのか」と驚いていた。

「二歳児を家でみることが保育園生活よりいいはずだと、日本社会はいまだに思っていたのか。そんな驚きだったようです」と、山根さんは解説した。

「子どもが幼稚園に入るまでの時期は、専業主婦の母親たちが最も孤立して苦労する時期です。子どもとどう過ごすべきかと悩み、子育てサークルを作ったりして工夫している。社会的支援が最も乏しい時期なのに、男の子だと二歳になると暴れて大変になる。密室で過ごして母子の関係が歪む『母子カプセル』の問題も指摘されているのに、育休中なら専業主婦モデルに戻れと求めたこと自体に、そもそもの無理がありました」

山根さんの指摘には、小学生の長男と保育所に通う二歳の二男を育てている母親としての実感がこめられていた。専業主婦の母親からしばしば、「保育園の子はコミュニケーション力があっていいよね」「保育園に通う子は社会性があるよね」と言われるという。自分だけで子育てする母親たちの、孤独で不安な心境を感じてきた。

保育所に通う家庭が、わが子の成長や発達をプロの保育士にも見守ってもらえる安心感を持っているのに対し、専業主婦の母親はすべての責任を一人で担わざるをえない。「何をすればこの子にいいのか」「このやり方でいいのか」と迷い続け、将来にわたる重い責任に一人で耐えなければならない。

「無数の選択肢から一人で選ぶ重圧を感じつつ、さまざまなことを心配し、ベストの選択をせねばと思い悩む。『小さい子どもは家で世話するほうがいい』と思う一方で、『でも、やっぱりつらい』と感じる気持ち。私にもよくわかります」と山根さんは話す。

山根さんは二男の出産で里帰りしたとき、三歳の長男を実家近くの保育所に短時間の「一時保育」で預けた経験が忘れられない。

長男はそれまで、自宅近くの保育所の三歳児クラスに通っていたため、赤ちゃんと一緒の保育室で過ごすことに、「なぜ僕が赤ちゃんと一緒にいないといけないの？」とポロポロと涙をこぼして抗議した。三歳児でもアイデンティティ・クライシスが起きるのだと気づいて、同年齢の子と過ごせるよう幼稚園に短期間だけ通わせることにしたという。

「息子は三歳なりに『ここは自分の居場所じゃない』と感じて葛藤していた。自分は『三歳児クラスのメンバー』だと認識していた。息子と同年齢の子たちが育休退園の対象になっている。集団生活で育ってきた子どもを大人の都合で引き離すのは問題があると思います」

保育所が単なる託児用施設ではなく、「子ども自身の大切な社会」であることを、長男から教えられたという山根さんは、行政の古い保育観に疑問を感じていた。

「EU諸国は保育園と幼稚園の統合を進めてきました。現在は『一歳からの教育』へとシフトしています」。他方、日本では、幼稚園と保育所を統合する「幼保一元化」「幼保一体化」が議論されたが、改革は道半ばのまま。「幼保統合が国際潮流になっているのに、日本では厚労省と文部科学省(文科省)、内閣府で担当省もわかれたままです」。

幼児教育を三、四歳から提供する幼稚園と、困窮家庭に保育サービスを提供する保育所。二元体制が温存されたまま、幼保統合の先へと進む先進諸国の保育改革から取り残されている日本の状況を山根さんは憂えていた。

「日本でも幼保統合が進み、『一歳からの教育』という発想が持てたら、子どもの教育の機会として保育を見ることができるようになります」。そうなれば、専業主婦家庭も育休家庭も、子どものための教育の機会として保育を受けさせることが可能になる。結果として「育休退園」の問題などは自然消滅するのに――。その口惜しさが伝わってきた。

長時間のインタビューを整理して、山根さんがたどり着いた結論は明快だった。保育利用の当事者である親と子の意思を尊重すること。利用者に寄り添う保育や支援にすること。そして、現代の保育所が担っている機能、つまり、子どもの育ちを支える「養育機能」と「教育機能」、そして保護者を支える「親支援機能」のそれぞれを認識すること。それを求めていた。

「育休退園の制度には、さまざまな行政コストがかかったのに、そのコストに見合わないことがわかりました」と山根さんは指摘し、制度の修正を求めた。

この制度にともなう心身の消耗は、保護者の側でも大きかった。新しい赤ちゃんを迎える準備をしながら、上の子のために退園ルールの情報を集め、継続申請するか自主退園するかで悩み続ける。退園か否かの判断を下す作業は、周囲との関係に軋轢《あつれき》や後ろめたさをもたらしていた。

「こんなことで悩むのなら、もう育休を取るのはやめる」と言っていた保護者もいた。

保育制度は何のためにあるのかわからなくなったと、山根さんは言った。退園ルールについては、「単にイデオロギーを実践するための制度だった」と指摘した。行政が「あるべき育児」

の形を決め、その形に育休家庭を誘導するための仕掛けだったという。

そして、「結局、一番の被害者は子どもたちだった」。この制度が所沢の保護者たちを激しく憤慨させた原因も、ここにあったのである。

Ⅳ

未来に向けて

1　保育制度のための請願

請願、提出へ

育休退園ルールの廃止が全国で進み、所沢市議会も関心を持たざるをえなくなっていた。市議の大半は当初、「育休とは育児に専念するためにあり、『子育ては家庭』が基本だ」と考えていたが、その後、この制度の欠陥に気づくようになった。そうしたなか、二〇一七年三月に保育所を利用する保護者たちの請願が市議会に提出された。中心となった提出者は、保護者の集会で会ったことがある三児の父、ケンタさんだった。

ケンタさんは二〇一五年に第三子が生まれ、保育所の二歳児クラスにいた二人目の子どもが退園対象となった。ルールに疑問を感じ、保護者有志でグループ「育休退園を考える会」を作り、ウェブサイトで情報発信したり、市議らに働きかけたりしてきた。

そして市議会に通い、少数派ながら問題意識を共有してくれる市議と出会うなかで、議会に保護者の思いを伝える手段として請願を検討し始めた。その後、提出に必要な紹介議員を確保するめどがついて、三月定例会への提出にこぎ着けたのだった。

所沢市議会は、請願が提出されたら常任委員会で請願者を招いて意見を聞き、採否を決める方式をとっていた。行政の説明も聞いて採決をおこない、審議した内容はすべて議事録に残すため、ケンタさんたちにとっては、このテーマで議会にしっかりと議論してもらうまたとない機会だった。

とはいえ、請願が可決される見通しはたっていなかった。

請願のタイトルは「『保育園制度の改善と充実』を求める請願」とされ、育休退園ルールの廃止を正面から求める内容ではなかった。市議の大半が当初支持した退園ルールを全面否定するより、保護者が反発した理由を伝えて、改善点を一つでも実現するという現実的な作戦だった。多くの市議の共感を得なければ本会議での採択に進めず、もし否決されたら、「市議会は退園ルールを肯定した」と市が受け止めかねないからだった。

ケンタさんたちの作戦は奏功し、請願の提出では保守系も含めた野党五会派が紹介議員を出してくれた。市議会は議員定数三三のうち、野党五会派で一八議席を占めていた。もし五会派の所属議員全員が請願に賛成すれば、与党の自民・公明両党が反対しても採決される可能性が出てくる。常任委員会の審議でさらに理解者、賛同者を増やせるかどうかが重要になっていた。

請願の訴えは、島田一隆市議らの助言で以下の五点に絞った。
① 育休から復帰するときの「一〇〇点加算」を見直す
② 家庭保育室を卒園する三歳児の転入先を拡充する
③ 育休家庭の上の子が保育継続できる要件を拡大する
④「隠れ待機児童」の解消策を実行する
⑤ 子育て支援施策の話し合いに当事者が加わる「合議体」を実現する
退園ルールの撤廃を求めてきたほかの保護者たちには物足りない面もあったが、育休中でも保育継続できる子どもを増やし、過度な優遇措置の是正を優先する考えだった。

「請願が、市に方針転換をうながすきっかけになればいい。所沢の保護者たちがこの制度に納得したわけではないことを、世間にも知ってもらいたい」。ケンタさんは、そう胸の内を話した。

市議会の空気

市議会では請願をどう受け止めているのか。「退園ルール支持派のキーパーソン」と聞いていた中村太市議(四一)に会って話を聞いた。

「育休退園に、原理原則として賛成してきました。税の使い方としてはアリだと思っていましたから。でも、ここまでのハレーションが起きるとは思わなかった」

保守会派の至誠自民クラブに所属する中村市議は当選四期。若くして市議会議長も経験し、市政の全般に通じているという評判だった。請願を審査する健康福祉常任委員会の委員も務めている。

その中村市議に、興味深い心境の変化が起きていた。最初は、退園ルールを支持した理由として、保育所に入れず困っている一人親家庭などがいるのに、育休中の母親は保育所に上の子を送るとそのまま立ち話に興じていて、その様子が市民の目に留まるなど、「公平ではない状況がある」と考えていたことを挙げた。「(福祉予算の)パイが限られるなか、恵まれない家庭に席を譲ってもらいたい。税金はより困っている人のために使うべきだと思っていましたから」。

ところが、十分な周知がされないまま制度が始まり、市長の言葉が反発を大きくした。さらに「一〇〇点加算」の優遇措置まで講じられて、制度上の不備が明らかになった。

「混乱が起きて、もともとの課題だった『税の公平な使い方』や『待機児童で、優先されるべき家庭』などの議論ができなくなってしまった」と中村市議。「今の子育て世代は、保育所を使いながら働くのを当然と考えている。男性一人で妻子を養うことが厳しくなり、共働きでなければ暮らせない現実もある。そうした時代の変化を直視できていない面があった」と反省をにじませた。

中村市議は、市内の元地主の出身で保守派だった。同時に、三人の子どもを持つ子育て世代でもあり、サラリーマン経験もあった。保護者が強く反発した事情は理解できたという。

この二年間で、すべての市議のもとに保育所や退園ルールに関する批判や相談が持ち込まれ、育休退園ルールが唐突に導入された経緯や行政の説明不足などの問題点がわかるようになり、「市に落ち度はないと考える議員はいなくなった」という。

そうしたなか、ケンタさんの請願は、退園ルールが三年目に入ろうというタイミングで課題を洗い出す好機になるだろうと、中村市議は前向きに考えていた。

「行政は、自分たちがやったことを間違っていたとは言えない。議会から問題提起することで、保育施策を見直す契機にすればいいと思っている」

ケンタさんの思い

請願の審査がおこなわれた二〇一七年三月二一日は、所沢市議会にとって長い一日となった。

通常の請願審査は半日で終わるが、この日は朝から夕方まで終日の審議日程が用意されていた。議会棟にある健康福祉常任委員会室には、傍聴のために来た保護者のほか、同委員会に属さないほかの市議たちも入れ代わりで聞きに来て、ほぼ全議員が傍聴するという異例の関心の高さだった。

請願には保育所の保護者を中心に約四五〇人分の署名が添えられ、委員への一定の影響力となった。だが、当日になっても審議する七人の委員の賛否は明確ではなかった。

審議の冒頭、請願者であるケンタさんが請願の趣旨を説明した。目的は、育休退園ルールの撤回ではなく、退園した家庭の孤立や負担感、親の不安を知ってほしいこと。保護者は「一〇〇点加算」などの仕組みに疑問を抱いており、家庭保育室への影響もあったこと。そして、問題の根底にある保育所の不足について、市議会で改善策を議論してほしいことだと訴えた。

続いておこなわれた委員との質疑を通じて、この制度の問題点が浮き彫りになった。

- 退園した家庭にはきょうだいとも「一〇〇点加算」が与えられ、困窮家庭より有利なのは疑問
- 「きょうだい同園」が育休退園した家庭にだけ保証されるのは不公平ではないか
- 退園しても実家に頼れない家庭は孤立し、「ワンオペ育児」「密室育児」になっている

・年度途中の入園・退園者が増え、保育所の年間の保育計画に支障が生じている
・退園した元園児が復帰すると定員超過になり、本質的な待機児童解消にならない
・市が公表する待機児童は一一人だが、県調べの「潜在的待機児童」は一五七人もいた
・保育現場や保護者の声を受けとめる場がなく、混乱を大きくした

委員とケンタさんとのあいだで熱心な質疑が続き、委員のなかには「少子化が進んでいて、保育園は将来的に定員割れするのではないか」とたずねた人もいた。ケンタさんは、入所申請は増加しており、子育て世帯がいっそう共働きになっていくと予想され、現在の施設数ではまったく足りないと反論した。

質疑の終わりに、ケンタさんが力説した。

「育休中の保育の継続には、孤立する母親を支援する意味合いがあります。この状況は実は、専業主婦も同じなのです。そうした家庭も保育園に通園できたら、よいのではないでしょうか。保育所は、働く母親に限定する時代でなくなっていると思います」

専業主婦の家庭も保育所に通えるようにしてほしいという訴えは、育休退園ルールとは直接の関係が見えないため、委員の反応はないまま審議は終了した。しかし、ケンタさんのこの訴えにこそ、聞き取り調査をした山根純佳さんや、育休退園ルールと闘ってきた保護者たちが共

通して訴えていた問題意識が凝縮されていることを、私は感じた。

つながりを失う子育て

退園した家庭は保育所とのつながりを失い、「期間限定の専業主婦家庭」となる。近所づきあいが消滅した地域で、子育ての仲間を見つけることに多くの家庭が苦悩していた。「本物の専業主婦家庭」なら、子どもが幼稚園に入るまでこの「孤独な育児」が続く。

この子育ての孤立こそが、育休退園に猛反発した真の原因だったと意識するようになった保護者たちは、退園ルールの廃止だけで根本の問題は解決されないと考えるようになっていたのだった。

母親が働いていてもいなくても、子育ての仲間やプロの支援者に出会える保育所は、どの家庭にも開かれているべきではないか。育休中にも通いたいと自分たちが求めるのなら、専業主婦家庭にも同じく門戸を開いてほしいと求めていく必要があるのではないか――。

ケンタさんの訴えは、保護者たちが抱くようになった思いを代弁していた。

そのことは、審議が中断された昼の休憩時間にも裏づけられた。傍聴に来ていたほかの保護者の意見も聞いてほしいとケンタさんが要望したことを受けて、委員たちが休憩時間に即席のヒアリングを実施したからだった。

わずか一五分間の非公式な意見聴取だったが、真剣な意見交換がされた。傍聴に来た母親の一人は、育休退園した経験を振り返り、「一〇〇点加算がほしくて上の子を退園させたが、子どもはストレスで体調を崩した。保育継続を申請すればよかったのに、(加算をもらうため)出せなかった。子どもに申し訳なかった」と苦悩したことを打ち明けた。別の母親は、「育休退園して地域で子育てしろと言われても、専業主婦のコミュニティができていて途中からは入れない。共働き世帯にとっての『地域』とは保育園だ。それを突然奪われたら孤立する」と訴えていた。中高年世代が中心の委員たちには、実感のなかった「保活」や育休退園に悩む家庭の実状が生々しく伝わる機会となったようだった。

午後の審議は、委員から市の幹部へ質問がおこなわれて、市の保育制度の課題や育休退園ルールの矛盾した実態が浮かびあがった。退園ルール導入の大義だった待機児童解消は、二年経過しても成果はさほどないことが明らかになったのである。「退園した枠に(待機児童が)入れた効果はあるが、(元の園児が)戻ってきたら定員超過になる」と保育幼稚園課長が説明。退園した子どもはほぼ全員が数か月で戻るため、本質的な待機児童解消にならないことを認めた。

市は、育休退園により「保育をより必要とする家庭が入れる」とも説明していたが、退園した家庭は復帰で優遇されるため、ほかの家庭は入りにくくなったことがわかった。また、入退園する子どもが増え、保育士たちの負担は増大していたが、退園ルールを導入した後、実態調査も効果検証もなされていなかった。そのため委員から「当初の目的と矛盾し、改善する必要がある」と手厳しく指摘されることになった。

また、保育継続が認められた家庭では、継続が必要と判断された理由は「母親の育児不安や心身の状況」が最も多かった。継続の可否の審査を通して、母親のメンタルヘルスの問題が次々と発見されていたこともわかった。

「退園後、育児が不安だという相談があった。これは今後の課題」と市も認めた。所沢市議会が、保育制度についてこれほど幅広く議論したのは初めてで、市議たちには多くの発見があったようだった。

その一つが「きょうだい別園」の問題だった。きょうだいが同じ保育所に入れず、別々の保育所に毎日送迎しなければならない家庭では、保護者は二重の負担を強いられていた。「一〇点加算」に惹かれて退園した家庭には、「待機児童」と「きょうだい別園」を回避したい思いが強かったことを市議たちは初めて知った。同市では保育所を利用する家庭の八二・二％（二〇一五年度）は「きょうだい同園」だが、二割弱が「きょうだい別園」で、そうした実態も初めて市議たちに認識された。

また、待機児童の深刻さも改めて認識された。二〇一七年二月に一次選考で入れなかった「不承諾」が四六三人もいたことや、二〇一六年四月には公式な待機児童の一一人に「潜在的待機児童」を含めると、一五七人が入所申請しても入れず、埼玉県には報告されていたのも初めて知ったことだった。

審議終了後の採決では、自民党の議員一人を除き、委員六人が請願に賛成し、ケンタさんの請願は採択された。そして一週間後、市議会の本会議でこの請願の審議経過が報告され、採決にかけられた。結果として数名の反対を除いて圧倒的多数が賛成し、請願は正式に採択された。

採択後の市議たち

ケンタさんの請願を応援してきた島田市議は、審議の手応えを感じていた。

「請願をやってよかった。潜在的待機児童の数を県には一五七人と報告していたなんて、議員の僕らも知らなかった。執行部は退園ルールのことを『いい制度です』としか言わないが、矛盾だらけだとわかりました」。議会として保育制度の改善を求める意思を示せたことも、多くの議員が保育行政の欠陥に気づいたことも、画期的だったと話した。

「市は、行政サービスなのだから利用の可否を決めるのは行政の権限だという考えです。市議のなかにも、保育園については『親がラクをしようとしている』『保育利用が既得権化している』という見方があります。でも今の時代は違う。保育園を使いたい人は使えるようにする。そうした『保育の社会化』が必要になっていると自分は思っています」

子育て世代の政治家として、島田市議は力を込めて言った。

「子育ては家族でやるものだと、年配の人たちは言います。でも、育休退園で保護者があんなに困っているのは、それだけの事情があるからです。上の世代とは、働き方も、稼ぎ方も、今は違う。共働きで忙しい親たちは、地域のつながりを作ろうにも簡単には作れません」

島田市議は県外の出身で、核家族で子育てをしている一人として、育休中の保育利用は「選択制」にすることを議会で提案していた。山根さんの調査報告にも目を通していた。

「あの調査報告書を見ると、保護者の皆さんには『しっかり子育てしたい』『子どもにベストの選択をしたい』という思いが強いことが伝わってきます。行政は『保育園を使うのは親がラクをしたいから』という見方だったが、違うことがわかります」

島田市議は、妻が専業主婦で子どもは幼稚園に通っている。市議会を見渡してみると、市議には祖父母世代の年代の人が目立ち、保育所を利用している人は一人もいなかった。保育所の問題を当事者の立場から考える議員がいないことに気づいたという。

市議会の空気は、請願採択を機に明らかに変化していた。所沢市議会では、保育所問題は「公立保育所の保育士の労働組合とつながりが深い共産党議員の関心事」とみなし、他の議員は距離を置く空気があったという。そのため、育休退園の問題が当初はピンとこなかったようだ。しかし、その後、保護者から苦情を受け、請願の審議を経て問題点が明確になり、「全議員の関心事」になっていた。採択を支持するかを迷っていた議員も、「審議をやった意味があった。身近に頼れる人がいない、子育てが孤立化していると感じた」と振り返っていた。

育休中の保育所の利用は、もう「選択制」でいいのではないか――。そうした空気が、多くの市議のあいだで広がっていた。

子育ての社会化

健康福祉常任委員会の委員として請願を審査した中村市議は、神妙な面持ちであの日の審議を振り返った。「今のママたちは多層的なつながりを持っていないんですね。何重かのネットワークを持っているかと思っていたけれど、そうじゃなかった。だから退園で唯一のネットワークが断ちきられる恐怖を持っているのだと感じました」。

昼休みにおこなわれた即席ヒアリングで聞いた母親の話が、強い印象を与えたようだった。「保育園が足りないなら、ベビーシッター（を増やすこと）も選択肢になる」と中村市議が話すと、「それではダメなんです！」と猛然と否定されたからだった。個別の託児サービスでは、母と子が孤立する状況は救われない。子どもは集団で遊び、ほかの子どもから学ぶことも大切なのに、そうした体験もできない。「密室育児の解消にはならない」と反論されたのだった。

「あれは衝撃的だった。なるほど、そういうことかと。ここまで地域のネットワークはなくなっているのだと思いました」。現代の保育所が果たしている役割に気づいたと、中村市議はしみじみと話した。

では、育休退園ルールを支持してきた立場から、〝騒動〟が起きてからの二年をどう考えているのか。そうたずねてみた。中村市議は言葉を選びながら答えてくれた。

「現場で関係した方たちに言うべき表現ではないと思うが、これは一つの〝社会実験〟だったと思います。実験の結果、わかったことの一つは、保護者の孤独だった。お母さんたちに余裕がない。でも、余裕がないといい子育てができない。もう一つは、保育の枠がそもそも足りないから、こうした問題が起きているということでした」

子育てする親たちの孤独。その現実が、中村市議をはじめ多くの市議に認識されるようになったことは、とりもなおさずこの〝社会実験〟がもたらした学習の成果といえるのではないかと感じた。保育所の深刻な不足について理解が広まったのも、成果といえた。

ところが、請願が本会議で正式に採択されたにもかかわらず、その後も「保育所が足りないから増やそう」「育休退園ルールは改善しよう」という動きは、所沢市の行政に生まれていなかった。それはどうしてか。

「邪魔をしているのは〝子育て観〟です」。中村市議は話した。保育制度の欠陥や保育所の不足に気づいたけれど、政治や行政に染みこんだ育児の価値観が、問題解決に動き出すことを困難にしていると指摘したのだった。「でも、〝子育て観〟はどれだけ議論したって合意などできるものではない。また、もし〝子育て観〟の違いを超えて、『保育所を増やそう』という結論になったとしても、民間保育園を経営している事業者のビジネスの問題もあります」。

保育ビジネスの問題とは、認可保育所の運営を自治体から委託されている、社会福祉法人などの事業者が持つ利害関係のことだった。認可保育所はもともと、自治体の直接運営か社会福祉法人への委託かの二つの形態しかなかった。企業も参入できるようになったが、保育所が増えて競争相手が増えることを警戒する既存の事業者は、暗に自治体の新設計画にクギを刺すという構図が各地で見られた。こうした構図が、所沢市でも作用しているという指摘だった。

中村市議はまた、保育所が福祉施策であることの限界も指摘した。

「医療なら、病気はみんながかかる問題だからと、子どもの医療費に自治体が数億円を出すようになっても誰も怒りません。でも保育にカネを使うことには反対が出る。それは、保育園は皆が使うわけではないから。『保育園に頼らないと今は親も子も大変だ』という理解が広がればいいけれど、社会合意がないと乗り越えられない問題です」

確かに、「保育は福祉だから」という言い方を取材でもよく耳にした。「福祉だから予算は限られる」「福祉だから新設は無理」「福祉だから、より困った人を優先で」という言い方で使われていた。保育制度の課題を先送りする際の言い訳として登場することが多かった。

中村市議は、高齢者政策に比べて子育て政策が貧弱な現状に以前から問題意識を持っていたという。市内で高齢者向けの活動をおこなうボランティア団体には市が助成しているが、子育てサークルには助成がないのはおかしい、と市議会でも提起してきたという。

「介護は社会化されているから、皆でカネを出すという了解があります。でも子育ては社会化されていなくて、そうできない。社会化されていないから〝子育て観〟の議論に迷い込むし、施設を作ることもできない。〝子育て観〟の議論はどれだけしたって誰も救われないのですけどね」。そう言うと、顔を上げて私に提案した。「だから、試しに、介護保険と同じことを子育てでやってみたらいいんです」。

保守派の中心的メンバーと聞いていた中村市議から、「子育ての社会化」という発想が出てきたのは想定外で、耳を疑うほど驚いた。

伝統的な価値観を重視する保守派の政治家には「育児は母親の責任」と言う人がこれまで多かった。永田町でも、自民党をはじめ保守系の国会議員には、「子育て支援などは母親を甘やかすだけ」という否定的な意見が少し前まで強かった。人口減少が深刻になり、こうした発言はあからさまには聞かなくなったものの、日本の子育て政策の予算の乏しさは、こうした価値観と表裏一体のものだと感じてきた。

中村市議は、介護保険制度が「介護の社会化」という国民合意のもと、皆で保険料を出し合い、すべての要介護高齢者にサービスを届ける仕組みを作った経緯を評価していた。だから子育ての孤立を変えるには、「子育ての社会化」の社会合意を作る必要があると考えていた。皆でお金を出し合い、子育て家庭への支援を増やして保育所も増やせばいい、という発想に至ったようだった。「昔あったネットワークがなくなったのなら、代わりに行政がやらざるをえない。子育てを社会化することは、恥ずかしいことではない。そう言い続けることが必要です。北欧の国のように、日本もこれからは高福祉、高負担の国をめざすしかないのだと思います」。

所沢市を取材してきて二年。育休退園の〝社会実験〟は、予想外のところにまで変化の波動を広げつつあるのだと感じた。

2　見えてきた可能性

幼稚園の保育進出

二〇一八年末、国の子育て政策の担当者はある数字に驚いていた。四年目を迎えた子ども・子育て支援新制度（新制度）のデータで、保育サービスに進出する私立幼稚園の増加が顕著になっていたからだった。

全国に約七八〇〇ある私立幼稚園は、新制度がスタートした当初、大半が文科省が所管する旧来の私立幼稚園制度にとどまり、同省の私学助成を受けて従来通りの運営を続ける選択をしていた。新制度から運営費助成を受ける新しい幼稚園制度や、保育サービスも幼児教育も提供する認定こども園制度へ移行した園は二割ほどだった。それが二〇一八年の調査では四割を超え、そのうちの七割近くは保育サービスも提供する認定こども園に転換していた。

認定こども園に転換した幼稚園は、二〇一五年度には全体の一六・三％だったのが、一八年度には二八・六％へ倍増し、全国で二二三三か所に増えた。一九年度に転換を予定する幼稚園を含めると三二・一％に上る見通しとなり、そうなれば、私立幼稚園の三か所に一か所は、保育もおこなう認定こども園となることが予想された。幼児教育のみをおこなってきた幼稚園が、幼保を統合した認定こども園へ転換することは、保育の受け皿が増えることを意味しており、待機児童解消の観点からも望ましいことだった。

幼稚園の保育サービスへの進出は、長年の懸案だった。幼稚園は幼児教育の専門施設で、広い園庭や教育設備を備えている。一日四時間の教育活動が中心だが、朝と午後に保育も提供するようになれば、保育所の整備に四苦八苦する自治体にとっては悩みが一気に軽減される。

他方、教育機関としての伝統と誇りがある幼稚園には、困窮家庭のための福祉として始まった保育サービスに対して抵抗感があった。認定こども園制度は二〇〇六年に作られたが、「乳児を保育した経験がない」「どういった家庭の子どもが来るかわからない」といった不安があり、こども園への転換を躊躇する幼稚園がほとんどだった。

そうしたなか、幼稚園業界で顕著になり始めた動きは、「すべての子どもに良質な保育と教育を提供する」という新制度のもともとの理念を実現するためにも歓迎されるニュースだった。新制度のスタート時には全国で二八三六か所だった認定こども園は、保育所から転換した園も含めると二〇一八年四月に六〇〇〇か所を上まわり、三年で二倍以上に増えていた。幼稚園の保育サービスへの進出はこの勢いを加速させるもので、昭和以来の幼稚園と保育所の二元体制が変わり始めたことを示していた。

こども園は、長時間の保育が必要な共働き家庭も、短時間の幼児教育だけ受けたい専業主婦家庭も利用できるため、地域で〝幼保の壁〟を解消する効果が期待されている。育休中の家庭も一時保育などが利用できて、親も子も、こども園とのつながりを保てる。

こども園の増加は、深刻な保育不足や育休家庭の問題を解決する光といえた。

日南市の〝スーパーこども園〟

宮崎県日南市にある学校法人吾田《あがた》学園は、理事長の伊豆元《いずもと》精一さんが先代の父親から引き継いだ一〇年前は、私立幼稚園だけを運営していた。その後、この幼稚園を認定こども園に転換し、こども園には必須となっている地域のための子育て支援事業に乗り出した。いまでは、地元の人たちから頼まれて開設した三つの園も県内で運営している。

その一つ、小規模保育所の「油津オアシスこども園」は二〇一七年四月にオープンして、シャッターを下ろす店舗が増えていた商店街に新しい風を吹き込んだ。福祉サービスだった保育の世界に学校法人が進出し、子育て支援事業にも乗り出すと、地域にどんな変化が起きるのかを示す好事例となっていた。

定員一九人の油津オアシスこども園は、伊豆元さんたちが「商店街のしあわせ小規模保育室」と呼ぶ通り、愛情がたっぷり注がれた保育所だった。二階建ての建物は、クリーム色の外壁や、花の鉢植えが飾られた赤い窓枠が目を引くおしゃれな外観。一階の大きな窓は商店街に向かって開かれていて、窓辺で遊ぶ園児たちに、行き交う街の人たちが声をかけていく。

二階には、地域の親子が気軽に来てくつろげる「子育てカフェ」があり、五〇〇円のワンコインでランチやスイーツを楽しめるスペースとなっていた。育休中の親子や高齢者が通ってきて、商店街に交流と笑顔を取り戻す「オアシス」となっていた。

「もちろん赤字だけれど、地域のための子育て支援の一つと考えています。かつて僕が教員だったときに子育てしていた妻は、『コーヒーひとつ飲む時間もなかった』と言う。若い世代には、子育てする期間も楽しいと感じてもらいたいのです」と伊豆元さんは話す。

建物の奥にはツリーハウスやテラスまで作られていて、子どもや保育士はもちろん、保護者や街の人をもワクワクさせる仕掛けがあった。保育所はオープンと同時に募集枠が埋まり、商店街に進出したＩＴ企業で働く若い親たちに職住近接ならぬ職保近接の安心を提供していた。

伊豆元さんが幼稚園の経営を引き継いだころ、日南市でも働く母親が増えて幼稚園は定員割れしていた。二〇〇九年に認定こども園へ転換し、同時にスタートした子育て支援事業のため、広い園庭の一角に洋館風の建物を設置。在宅で子育てする親と子が来て、お茶を飲んだり園庭で遊んだりできる居場所にした。

保育や子育て支援事業を手がけて、発見がいくつもあったと伊豆元さんは言う。

育休中の母親たちは「子どもと二人きりで息がつまる」ともらし、地域には親子で行ける居場所がほとんどないことがわかった。小学生の放課後の居場所の不足にも気づいて学童保育も始めた。園の裏手に「子どもと地域の交流館・森のユートピア館」も新設した。地域住民が講師になって子どものための絵画教室や英語教室などを開き、放課後の小学生たちが来て楽しく過ごせる場所にした。夜間は高齢者の交流の場などに提供している。

こども園を次々と新設することになったのは、地元の要望がきっかけだった。公立保育所の存続が危うくなっていた漁師町では、「保育所が消えたら町が消える。助けてほしい」と懇願され、「園内に水族館がある認定こども園」として再生した。水槽や魚の管理を住民が助けてくれて、遠方からも親子が通って来る人気園になった。

「こども園には子育て支援が義務化されていて、お陰でいろいろな挑戦ができる。幼稚園は園児をどう集めるかに意識が向きがちだが、こども園になって地域とつながる大切さを知った」と伊豆元さんは話す。既存の保育所と幼稚園を統合して一つの認定こども園にした地域では、以前は住民のあいだにあった「うちの孫は保育園」「うちの子は幼稚園」という〝幼保分断の壁〟がなくなり、「地域にまとまりが生まれた」という。

宮崎県では認定こども園が増えて、幼稚園団体と保育所団体が合同で職員研修をおこなう動きも出てきた。施設どうしも〝壁〟を超えることで、災害時などに保育士を派遣するなど相互に協力する関係を模索していた。

幼稚園園長たちの危機感

千葉県浦安市は、一四あった市立幼稚園を二〇一五年度から保育サービスも提供する認定こども園へ順次転換してきて、すでに一一園がこども園になっている。そもそもは、孤立する家庭の育児に危機感を強めた園長たちの訴えがきっかけだった。

市立幼稚園は長年、四、五歳児を対象に一日四時間ほどの幼児教育を提供してきたが、対象を三～五歳児に広げ、保育サービスも提供する幼稚園型のこども園に衣替えした。在宅で子育てする家庭のために一時預かりや交流の場も提供し、地域の子育て支援拠点として生まれ変わることをめざした。一時は民営化する案も浮上した公立幼稚園が、こども園としてパワーアップして存続することになったのは、一四人の園長が結束して市長を動かしたからだった。

「四歳から幼稚園に来るのでは遅すぎる。家にこもって子育てする家庭が増えて、もっと早く同年代の子どもと過ごす機会が求められている」

「乳児のときから交流できる居場所が必要だ。私たちの園でやらせてほしい」

園長たちの訴えを聞き、市長が幼稚園の現場を回ってみると、園児たちに〝気になる様子〟が二〇〇〇年代半ばから表れていたことがわかったという。四歳になっていても自分でトイレに行けず、オムツをつけている。自己中心的になりがちで、ほかの子どもとうまく遊べない。箸で食べること、歩くことや走ることなどが苦手。転んでもパッと手が出ないため、顔から地面にぶつかる。単純な転倒で骨折してしまう――。

園長会ではこうした事例が各幼稚園から報告され、市内全体の課題であることがわかった。入園前におこなう親子の面接で「これまでお友だちとどれくらい遊んだことがありますか？」と質問しても、「一度もありません」と答える保護者が増えていた。市内の公園から親子で遊ぶ姿が消えて久しいが、家で過ごす子どもの相手を、テレビやＤＶＤ、スマートフォンの子ども用アプリなどがしてきた様子が見えてきたという。

浦安市は東京都江戸川区に隣接したベッドタウンで、都内で働くサラリーマン世帯が多い。転入してきた若い家族は地域に親族や友人はなく、母親が仕事をしていない場合、幼稚園に入るまで自宅にこもる「密室育児」に陥りやすい。

母子だけで孤立した生活を送っていると、子どもの言葉や社会性の発達に遅れが見られる傾向は専門医らが指摘してきたことだ。屋外で遊ぶ経験や自分で歩いたり走ったりする経験が乏しければ、幼稚園の集団生活についていくのもむずかしくなる。小学校からの勉強の前提となる、生活の自立や仲間との関係づくりに自信を持てないまま進学していくことになる。

園長の一人は、孤立した子育てが直面している困難を指摘した。

「少子化で子どもが減り、子育てのお手本となる親子が周囲にはいない。子育てはかつてなくむずかしいものになっています。小さい子どもは、年長児の姿にあこがれて食事や排泄ができるようになっていくが、そうしたお手本も身近にない。保育所では早くからたくさんのお手本に出会うから、三歳を過ぎてオムツをしている子はいませんよね」

園長たちの訴えを受けて、市は二〇〇七年から幼稚園と保育所の担当部署を統合。教育委員会が所管していた幼稚園の担当を福祉部門に移して「保育幼稚園課」とし、保育と幼児教育を統合的に推進する体制を作った。こうした市の対応を評価する幼稚園長の経験者は、専業主婦の孤立した育児がずっと気がかりだったと話した。

「専業主婦のお母さんたちは、帰属先が家庭しかなく、地域につながりがない。子育ての要望があっても声にすることもできない。保育所の保護者なら家庭以外に職場や保育所にも所属していて、ネットワークを持つことができる。一緒に声をあげる仲間も持っています」

孤立していた専業主婦の母親たちも、子どもを通して幼稚園や小学校などに所属するようになると、メキメキと力を発揮する様子を見てきた。孤立させない方策が、母子とものために早くから必要になっていると話した。

「待機児童ゼロ」を達成した杉並区

東京都杉並区は、二〇一六年に「すぎなみ保育緊急事態宣言」をして保育所の緊急整備に乗り出してから、翌春は五〇〇人を超すと心配された待機児童を二九人に減らしていた。その一年後の一八年四月には、ついに「待機児童ゼロ」を達成したと誇らしげに発表した。

待機児童がゼロになったという同区を改めて歩いてみると、五年前に全国で初めて「保育園一揆」が起きた地域だったことを忘れるほど、街の様子が変化していた。

「保育園一揆」が起きた二〇一三年は、同区の待機児童数は過去最高の二八五人に上っていた。当時、区内には認可保育所が六三か所あったが、一八年には二倍の一二四か所に増えていた。住宅地にも幹線道路沿いにも真新しい保育所の建物があちこちに建っていた。

これまでも「待機児童ゼロ」を発表した自治体はあるが、遊休地の少ない東京都区部で、認可保育所を短期間でこれだけ大量に整備して「ゼロ」を達成したのは近年ないことだった。区の認可保育所の定員総数は、二〇一三年の五五三一人から一八年には一万六四〇人へ大幅に増加し、二三区で最低水準だった認可保育所整備率も、一六年の三〇・〇%から一八年の四二・四%へ急上昇していた。

受け皿が拡大したことで、認可保育所を希望した人のうち入れた割合を示す入所内定率も、五〇・二%から七四・〇%へと大幅にアップし、二人に一人しか入れていなかった認可保育所の狭き門が、四人のうち三人が入れるようになった。それでも、「希望者のうち、まだ二六%が認可施設に入れていない」と、区の幹部は認可保育所の整備を続ける考えを示した。

待機児童ゼロの達成は、厳しい「保活」を緩和しただけでなく、地域の子育てのあり方にも変化をもたらしていた。認可保育所に入りやすくなり、それまで待機児童の受け皿となっていた東京都認証保育所などの認可外のミニ保育室には空きができていた。少し前まで一〇〇人待ちで、待機者リストに入るのも大変だったことがウソのように定員割れする施設も出ていた。

経営難になり、区に抗議した事業者もいた。

田中区長は、こうした事業者と直接に面会して、説明した。

「今後は認可外保育所を利用する人たちに（入所選考で有利になる）加点するのをやめる。皆さんも早く認可施設へ移行してほしい。さもなければ、夜九時までの預かりをするなど、運営で特徴を出してほしい」

そして、保育施設全体の認可化を進めていく考えを明確に伝えたという。

「保育所をただ増やす段階から、次の課題に取り組む段階に入りました」

区長とともに保育所整備を引っ張ってきた保健福祉部長はそう話し、幼稚園の保育への進出や学童保育の拡充もにらんだ取り組みを加速していきたいと述べた。以前は一人だった保育関係の課長を三人に増やし、認可保育所の整備と認可外施設の認可移行も推進していた。

「どんな保育所でもよいわけではない。私たちは認可保育所に入りたいのです！」。そう訴えた母親たちの声が区長を動かし、区政を変える原点になったと、区の職員たちは振り返る。

「認可保育所の整備はお金がかかるし、少子化で将来は無駄になるから作らない。また認可外のほうが財政効率はいい、と考えていました。しかし『保育園ふやし隊@杉並』の人たちが、時代の変化に気づかせてくれました」と、保育課長も話す。「子どもは減っても就労を求める親は多い。子どもを預けて働きたい、働かなければならないという人は増えている。そうしたことを自分たちも実感できるようになりました」。

ほかの幹部も、「ふやし隊のお陰で、区長は『求められているのは認可保育所だ』と確信した。自分たち役人が渋っても貫くという強い意志を持てたのだと思う」と話していた。

保護者の変化

「保活」に翻弄《ほんろう》されていた保護者の状況も変わっていた。「窓口に来るお母さんたちから〝殺気〟が消えました」と、区役所で窓口対応する担当者は話した。待機児童になった親は、窓口で怒りながら抗議することが多い。職員はひたすら陳謝することになり、情報提供しようにも家庭の事情を聞き出すだけで四苦八苦した。「その悪循環を源から断てた」と言う。

待機児童が解消されたことによる変化は、地域で子育て支援をしてきた人たちの目にも明らかになっていた。下井草の児童館で乳児と母親のための「赤ちゃんサロン」を開催してきた伊藤益子さんは、「お母さんたちから悲壮感が消えた」と話す。

伊藤さんは訪問看護師の仕事の傍ら、小中学校でPTA会長をしてきて、母親仲間とこのサロンを開いてきた。利用者の半分を占めていた専業主婦の母親は、保育所が増えたことで急速に少なくなり、今は育休中の母親が七割を占めるようになった。

「赤ちゃんを産んだママたちにとって、保育園に入れるか否かは真剣な問題でした。その悲壮感や必死感が街から消えたと感じる。ママたちが『どこかの保育園には入れるだろう』と安心していて、『認可保育園に入れた』とほっとした表情を見せている様子は私たちにも嬉しい」と話す。

下井草は、Ⅱ章で述べたように、区立公園が保育所用地に転用されて強い反発が起きた地域だった。伊藤さんは、公園廃止に反対する住民運動には参加しなかったものの、公園の問題を住民どうしで話し合うタウンミーティングを開催したり、区が提示した代替公園の用地をどう活用するかを子どもたちが話し合うワークショップなどを企画してきた。

その代替公園が二〇一七年四月、元の公園の裏手にオープン。子どもたちの希望を取り入れて、スロープがある築山《つきやま》や丸太の遊具などが配置されて、大勢の子どもが毎日遊びに来る人気の公園になった。親たちの要望も取り入れて、水をくめるポンプ式の井戸や、乗ったり中に入って遊べる大きな土管も置いており、子どもたちの歓声が毎日のように響く場所になっていた。

「子どもが賑やかに遊ぶ公園ができて、公園廃止に反対した人たちの気持ちも少し和らいだかと思う」と伊藤さん。「行政から一方的に命じられたら反発が出るが、自分たちで作れば自分たちの公園になる。せっかくなら主体性を持ってかかわろうと話し合いました」と言う。

杉並区の側も伊藤さんたち住民の動きを尊重し、ワークショップにも協力した。公園の設計では地域の意見を取り入れた。「自分たちでは思いつかないデザインの公園ができた」と、区の担当者も当事者が参画する意義を認めていた。

下井草地域では、古い児童館を子育て支援センターに改築する計画も浮上して、伊藤さんたちは新たな勉強会を始めていた。「働くお母さんたちが増え、街も昭和の観念では合わなくなった。地域が子どもの育ちを応援しないと親も安心して働けない。新しいセンターをどういう場所にしたいか、自分たちで話し合い、かかわっていきたい」。

この地域では、二つの公園の存続を求める住民が、二〇一六年六月に署名二三〇〇人分を集めて陳情書とともに区議会に提出していた。中心となって動いたハルヒさんは当初、自分たちが愛してきた公園の廃止を一方的に決めた区に対し、「怒りが沸騰した」と言う。

しかし、「反対ばかりしている」「幼稚園vs保育園の対立を作っている」などと批判されたことにより、待機児童問題を考えるシンポジウムにもかかわり、待機児童の数字の裏に数倍もの「入れなかった親子」がいることなど、保育所不足の深刻さを知るようになった。

ハルヒさんは、自分とは立場が逆の、保育所整備を求めて運動していた母親の一人と非公式に面会したこともあった。公園が潰されることへの疑問をぶつけたかったからだが、「保育園の子にとっても公園は大切なはず」と問いかけると、その母親は「それでも、(公園より)保育園が欲しい」と答えた。ハルヒさんは、待機児童の家庭が追いつめられていることを実感する一方、家庭で育児する親と子にとって「公園が死活的に重要なこと」が、少しも理解されていないと気づき、衝撃を受けたという。

「保育園の家庭は、公園がなくなると(家庭育児の親子には)子育てが大変になる状況をまったく知らない。親子で家にいて煮詰まるとき、公園がなくなればどこへ行けばいいのか。乳児を遠くの公園まで連れてはいけない。でも、考えはすれ違いだった」と無念そうに言った。

働く母親に不可欠な保育所。一方、家庭で育児する母親と子どもに不可欠な公園。子育てのための社会的インフラが乏しい日本で、保育所と公園はどちらも欠かせない資源だ。

それなのに、用地をめぐって争うことになり、母親どうしで奪い合う構図にされたことに、ハルヒさんは深く傷ついていた。「なぜ私たちが、母親どうしでこんな対峙《たいじ》をしなくてはならないのって、思いました」。

また、ハルヒさんは、待機児童解消のためという理由で、もともと先進国のなかで保育室が狭い日本の保育所で、規制緩和により子どもがさらに「詰め込み」されている現状を知った。

そんな施設でさえもすぐに満員になる現状も。

「そもそも、こんな保育のあり方で、子どもたちのためにいいのか」。そう思ったハルヒさんは、自分にできることを考え、保育士資格を取り、保育の手伝いを始めていた。

「二人の子どもを育ててきたけれど、自分の子どもしか見ていなかった。保育所問題に巻き込まれて、周りの子どもも幸せでないと自分の子も幸せにならないと気づいた。地域全体で底上げしないといけないと思うようになりました」

いつかこの街で「子ども食堂」を作れないか。ハルヒさんは、そんな夢を持つようになったと話してくれた。

3　三年の総括

育休退園は定着したか

所沢市で育休退園ルールが導入されてから三年が経過した二〇一八年春。保育所の利用家庭や市はその後、どうしたのか。地域を巻き込んだ〝育休退園〟はどうなったのか。それを知ろうと再び訪ねた。

表4　育休退園ルールの運用結果(2015～17年度)

	対象園児	自主的退園者	保育継続申請者	うち継続できた者	強制的退園になった者
2015年度(2015年6月～16年3月)	162人	78人(48.1%)	84人(51.9%)	46人	38人
2016年度(2016年4月～17年3月)	210	136(64.8)	74(35.2)	58	16
2017年度(2017年4月～18年1月)	135	104(77.0)	31(23.0)	29	2

出典：所沢市の資料などにより著者作成

市議会が請願を採択した後も、退園ルールをめぐる市の方針は表向きは変わらず、退園する育休家庭が増えていた。そのため退園ルールは定着したかに見えたが、その裏では微妙な矛盾がうずまいていた。

二〇一五年度からの育休退園の運用結果をデータで見ると、育休中に上の子の退園を選ぶ家庭が増えた一方で、市は「原則退園」だったルールの運用を緩和していた(表4)。

このルールの対象となった園児は初年度(二〇一五年六月～一六年三月)に一六二人で、このうちルールを受け入れて退園した「自主的退園」が四八・一%の七八人に上った。他方、退園せず保育を継続したいと申請したのは五一・九%の八四人で、自主的退園を上まわっていた。ただ、継続申請した八四人のうち保育継続が認められたのは四六人で、そのほかの三八人は希望に反して退園させられた「強制的退園」だった。

二年目は、対象となった園児二一〇人のうち「自主的退園」が六四・八％の一三六人と増えた一方、保育継続を申請したのは三五・二％の七四人に減った。継続申請したうちの八割にあたる五八人が継続を認められ、「強制的退園」は一年目の半分以下の一六人に減った。

三年目の二〇一七年度(四月〜一八年一月)は、「自主的退園」の増加傾向がよりはっきり表れた。対象園児一三五人のうち七七・〇％にあたる一〇四人が自主的に退園した一方、継続申請したのは二三・〇％の三一人で、大幅に減少した。ただし、継続申請したうち九三・五％の二九人に保育継続が認められ、「強制的退園」はわずか二人に減っていた。

この三年で顕著だったのは、育休を取る家庭の多数が「自主的退園」を選択するようになったことだった。上の子の保育の継続を求めて集団提訴まで起きたこの市で、次の年には対象となった家庭の六割、翌々年には八割がみずから上の子を退園させるようになり、継続を希望した家庭は五割から二割へ急減した。「保育の継続」から「退園」へのシフトが起きていた。

もう一つは、市の対応の変化だった。保育継続を申請した家庭の九割に、希望通りの継続を認めるようになり、強制退園はごく一部になっていた。市の方針が、いわば、「原則退園」から「継続希望の尊重」へと軟化したことを表していた。

とはいえ、運用の見直しについて、市は保護者のグループや市議会へ説明していたわけではなく、内部で軌道修正しただけだったため、制度をめぐる感情的な対立は尾を引いていた。保育幼稚園課の新しい課長は、集団抗議や訴訟が終幕し、自主的に退園する家庭が増えたことに安堵している様子だった。「退園ルールが定着しましたね、と市内の園長からも言われました」と話した。

ただ、この「定着」には微妙な面があることを、新しい課長自身もわかっていた。きょうだいともに「一〇〇点加算」がもらえて、「同じ希望園にそろって入れる」ことが保護者を魅了していることを認識していた。

「(加算があると)実質的に『保活』が必要なくなる。当事者にはこれが大きいんですね」と、加算目当てで自主的退園が増えたことを認めていた。

市も、自主的退園が選ばれるよう努力を重ねていた。「上の子が元の園に戻るときに、下の子も同時に入れるように園で枠を確保するようにしています」と新しい課長は強調した。保護者のあいだで「退園してもきょうだいで必ず入れる」と評価してもらえるよう、退園した子の席を取り置くようになっていた。それでは待機児童を減らす効果はなくなるが、退園家庭の安心と信頼を最優先するようになっていた。

自主的に退園する家庭が増え、強制的な退園で反発が起きたころのような対立の火種はなくなっていた。しかし、「保育の必要な人たちが保育所に入れるようにする」と説明していた制度の主旨はどこかへ消えていた。対立なく退園へ誘導することが最重視されているかの状況に、「本末転倒では」という言葉が胸に浮かんだ。

保育者の戸惑い

退園する親子に対応してきた保育者たちも、複雑な思いを募らせていた。ある園長は悩ましげに言った。「この制度を、『保活』に悩む保護者たちがうまく利用するようになりました」。

希望する保育所に通えていた家庭は、育休中も上の子を通わせたいと考えるという。だから導入の初年度は猛反発が起きた。ところが、市が「一〇〇点加算」などをくりだし、しだいに退園ルールは「復帰するときに、きょうだいそろって希望園に入る手段」「いちど落選した希望園に移る手段」として活用されるようになったという。

厳しい「保活」が続くなか、「きょうだい別園」を避ける有力な手段として、この特典を活用する家庭が増えたことはよく理解できると園長は言う。

「保護者たちは、育休中も本当は上の子をやめさせたくはないから、退園期間ができるだけ短くなるよう一二月に次の子を計画出産したりしています。年末に生まれると、二、三か月間だけ育休退園し、四月からきょうだいで希望園に入れる。制度を別の目的で使う人が出ているのは、変な制度を作ったほうに責任があります。それだけ『保活』が厳しいためであり、保護者を責めることはできません」

別の保育所で働くベテランの保育士は、大人たちの都合に翻弄《ほんろう》されて退園させられる園児のことを案じていた。

「いま担当する一歳児クラスにふざけることが大好きなやんちゃな男の子がいて、間もなく育休退園します。本当は年齢的にも、集団のなかで思い切り遊ばせてエネルギーを発散させてあげたほうがいいと思う。けれど、お母さんは『この子をやめさせることで一〇〇点がもらえる。きょうだいそろって同じ園に入れる』と話し、自主退園する考えです」

この男の子の家庭は近所に祖父母もいてサポートを得られる環境があるため、退園にともなう懸念を親に伝えるのはやめておいたという。しかし、保育所の充実した遊びの環境で過ごしたほうがいいと思われる園児まで退園させられるケースが増えていて、子どもの発達を支える専門職としては「悩ましい」と打ち明けた。

この保育所には従来、妊娠のわかった母親を他の母親たちが祝福し、「おめでとう〜！」と喜び合う空気があった。ところが最近は「お母さんが妊娠したから、〇〇ちゃんはやめることになるんだね」と退園を察して、祝福する空気が消えてしまったという。

市議会での請願審議の日、ケンタさんは「保育園で妊娠をストレートにお祝いできなくなった」「退園するか否かで親どうしの関係まで微妙になった。一〇〇点加算がある家庭とない家庭に溝ができた」と制度の弊害を訴えていた。その弊害が、あちこちで生まれているようだった。

地域の貴重な子育て支援の拠点である保育所。そこで助け合いのネットワークを築いてきた保護者たちの関係を退園ルールが傷つけ、子どもが健やかに育つ機会や環境を奪っているとしたら、重大な損失が起きているといっていいのではないかと思われた。

弊害に気づいていても、それを是正できない状況が、保育者に無力感を広げていた。

ママ職員の育休退園経験

市議会が請願を採択した後、市当局も議会の意向を無視していたわけではなかった。退園ルールは堅持しつつ、議会で指摘された潜在的待機児童などの問題について検討していた。私立幼稚園に認定こども園への転換をうながしたり、認可外保育所を増やしたり、保育の受け皿を増やそうと模索してきたのである。また、育休退園した園児の生活や「きょうだい別園」問題への対応など、重視してこなかった課題が意識されるようになっていた。

保育行政の推進体制にも変化があった。課長に昇格した主幹の後任に、かつて育休退園を経験したことのある女性職員が着任し、同課のナンバー2になっていたのだ。市役所で働きながら子育てしてきた母親で、保育所を利用する当事者の感覚を理解している人だった。

「私が育休を取ったころも退園する決まりだったため、育休中は地域の（専業主婦の）母親たちとまじることにむずかしさを感じました。壁を作っていたのは自分のほうだったかもしれないと反省もありますが、育休中の母親は職場のつながりを持っているので、専業主婦とはどうしても感覚が違うのです」

地域の母親たちのあいだに「見えない壁」があることをみずから体験していて、家庭で育児する母親たちの孤立や不安もわかっている様子が、話ぶりから伝わってきた。

「母親だって多くは育児の素人です。常に補助してくれる実家のような存在を求めています。保育園に通う家庭なら園がその役割を担ってくれる。子どもの変調に園の先生たちも気づいてくれる。『自分一人で子育てしているわけじゃない』という安心感が親たちにあります」

そう話す主幹の言葉にうなずきながら、市の担当者から、当事者心理を言い当てた、共感に満ちた言葉が発せられることに新鮮な驚きを感じていた。

この主幹は第二子の出産で、上の子が育休退園になった。当時も待機児童がいて、保育所に戻れなければ職場復帰できなくなるという不安を抱いて、毎日ベビーカーを押して市役所の保育担当窓口を訪ねたという。入所できなければ失業して育児専業になる。専業主婦の孤独と不安を知った後だけに、必死で保育所に入るための情報を集めたという。

「幼稚園を利用する（専業主婦の）お母さんたちは、二歳になるまで一人で育てなければというすごい重圧がある。最初の育休のとき、その重圧から逃れたくて『早く仕事復帰したい』と思ったほどでした」

専業主婦の母親にも、育休の母親にも、「上から目線」でなく対等な「横から目線」を向けていることが感じられた。こうした人が保育行政を担当すれば、当事者の心理に寄り添った行政運営ができるのではないか。時代のコマが一つ進んだような感覚を覚えた。保護者の猛反発で子育ての現状に気づいた保育幼稚園課で、いろいろな視点が保育行政に必要だと考えるようになったのではないかと思った。

主幹は、問題の根深さを知るだけに、一つの自治体の努力では解決しないと考えていた。

「今の子育ての大変さは、国全体で変えていかないとむずかしいのではないか。保育所を増やすだけでなく、『子育ては社会で面倒をみる』くらいの発想でないと、根本的な解決にならないだろうと思います」。

主幹の念頭には、親の就労状況に関係なく、すべての子どもの権利として保育所の利用を認めて、保育所の利用を社会が保障する、いわば「保育園の義務教育化」のようなイメージがあるようだった。それは、島田市議が話していた「保育の社会化」、中村市議の言及した「子育ての社会化」に通じる発想のように聞こえた。

4 〝育休退園〟での教訓と、これからの課題

孤独という現実

所沢市をはじめ、各地で保育や子育てにかかわる人たちに会ってきて気づくのは、今の日本で子育て家庭がいかに孤立し、苦しい育児をおこなっているかという現実だった。

孤独な育児は都会だけでなく、地域に助け合いの文化が残る地方でも深刻化していた。超高齢化が進む地方の町や村では子どもの数が大幅に減り、子どもが誕生しても「周囲はばあちゃん、じいちゃんばかり」という環境で、親も子も仲間が身近にいない。わが子を同年代の子ど

もと遊ばせたければ、親がアポイントを取って車で送迎しなければならない。

「少子化で子どもが減り、学校以外では遊び相手が近くにいない。だから田舎の子どもほどゲームやメディア漬けになっている」と地方の教員から教えられたのは、かれこれ一〇年以上も前だった。その後、この傾向が改善されたという話は耳にしたことがない。

全国で最も住民人口が少ないことで知られる高知県大川村を訪ねると、就学前の子ども全員を村の保育所に集めて保育していた。子どもの家の周囲には高齢者しかおらず、子どもどうしで駆けまわって遊んだり、喧嘩したり、仲直りしたりと切磋琢磨して社会性を鍛える機会がない。だから、家庭の状況が「保育に欠ける」か否かを問わず、子どもの健やかな育ちを支えるために全員に開かれた保育所が必要になっているのだと、村の担当者から聞いた。

かつては集落や町会、団地、商店街など、大人たちが協力して子どもを見守り育んできた〝子育てのコミュニティ〟が消滅しつつある。失われた子育ての地域インフラに代わり、いま、保育所やこども園が子育ての地域コミュニティを育む役割も担うようになっている。

保育所やこども園の使命は、もはや「保育に欠ける子」に託児を提供するだけではない。だからこそ、育休退園を拒む家庭が全国で増え、気づいた自治体が相次いで退園ルールを見直した。

新たな役割として、豊かな遊びや体験ができる環境を提供し、子どもたちに健やかな成長の機会を保障することや、子育て家庭の不安や孤立を取り除き、親としての自信と成長を支える機能が重要になっている。それを保護者や保育者たちから教えてもらった。

こども園などが取り組んでいる家庭で育児する人たちへの支援や、地域の親子が出会える交流機会の提供も、同じく重要になっている。

待機児童問題を超えて――改革への四つの課題

国を挙げて取り組む待機児童問題の解決の先に、これからの親子のために、私たちはどのような保育のあり方を構想すべきかを考える段階にきているのではないか。所沢の〝社会実験〟や杉並の挑戦などから学んだことを踏まえ、これからの保育制度・政策を考えるうえで避けて通れない課題が少なくとも四つ浮かびあがった。それらは、新制度が二〇一五年度から展開されたなかで、混乱や矛盾の要因となった制度上の問題点であり、二一世紀にふさわしい保育制度を確立するための要点ともいえる。

(1)「当事者本位」の原則の確立

所沢市で育休退園の騒動が集団訴訟にまで進んだ背景に、保育利用の当事者である保護者の意向を軽視した制度導入の経緯があった。保育サービスの供給側である自治体が行政主導で導入し、それが反発と混乱を招いた。結果的に市のイメージは傷つき、行政コストは増大し、人口流出の可能性まで指摘された。

所沢の状況を見て、他の自治体では育休退園ルールの廃止が相次いだ。このドミノ的な現象は、「育休中も上の子は保育所に通わせたい」という子育て家庭の意向が全国で高まっていたのに、多くの自治体は把握していないか、軽視していたという実態を浮かびあがらせた。

国は新制度をスタートするのに先立ち、保育所の利用希望などのニーズを市区町村が調べ、各自治体の子ども・子育て支援事業計画に反映させるよう求めていた。家庭のニーズを適切に把握して事業計画が策定されていたら、新制度の始動後に、育休退園のルール廃止が相次いだことや、都市部の自治体で待機児童が増大したような事態は回避されたはずだ。

子ども・子育て支援法にもとづいて国が定めた基本指針は、新制度を含めた子育て政策について、「子どもの最善の利益が実現される社会」や「すべての子どもや子育て家庭を対象とし、一人ひとりの子どもの健やかな育ちを等しく保障すること」をめざすべき理念として掲げていた。この理念に従えば、保育サービスも、すべての子どもと家庭を視野に入れたより普遍的な施策へと転換が進むはずだった。

だが、実際には、新しい理念や取り組みは自治体の現場に浸透しているとはいいがたい状況があり、それが所沢市の例からも明らかになった。

新制度は二〇一九年度に五年目を迎え、事業計画の点検時期を迎えた。安心して子育てできる社会環境をどれくらい実現できたのか、基本の理念に立ち返って検証し、当事者である親と子を中心に据えた制度の構築を改めてめざす必要があるだろう。

その際、保護者だけでなく、子ども自身の利益をどう守っていくかも重要な課題だ。日本には、子どもの権利擁護のため働く「子どもオンブズマン」のような専門機関がない。児童虐待や体罰、不適切な養育など、親と子の利益が相反する事態も増えている。当事者としての子どもの利益を守る工夫も検討する必要がある。

主要国では一九九〇年代以降、子どもにかかわる政策が大きく前進した。「子どもの権利条約」の理念が共有されるようになり、就学前児童のための政策も、保育所と幼稚園を統合して「すべての子どもへの保育保障」をうたうようになるなど改革が進んだ。

保育改革が進んだ国々は、女性の就労率が高く、出生率も高い例が多く、スウェーデンやフランスのように少子化問題を過去の話にした国が含まれる。こうした国々では、保育所は、すべての子どもに良好な育ちの環境を保障するための公共財と位置づけられており、質の良い保育・教育を希望者に提供することが国や自治体の責任となっている。

所沢の育休退園をめぐる動きは、子ども自身のためにも保育所へ通う権利を認めてほしいという、現代の子育て家庭の切実なニーズを浮き彫りにした。

日本でも待機児童を解消した先の保育制度改革として、保育施設を位置づけ直す必要があるだろう。それは、希望するすべての家庭と子どもに良好な保育・教育を社会が保障する政策、つまり「すべての子どもへの保育保障」を日本でも実現していくことではないか。

専業主婦家庭の育児も孤立して、限界にある。地方でも都市部でも、子どもが集団で遊べる環境は失われている。子どもと保護者を中心に据えた当事者本位の原則から、子育て政策全体を見直すべきときなのではないか。

(2)「措置制度」からの卒業

新制度を当事者本位の原則から見直すには、保育制度に残る「措置」の規定を変えることが第一に必要となる。保育サービスは、市区町村が、利用できる人とサービス内容を決める措置制度で提供されてきた。一九九七年の児童福祉法改正で「措置から選択利用へ」と文言が修正されたが、制度の根幹は変わっておらず、自治体が事業者に保育サービスの提供を委託する措置制度がいまも続いている。

国が「待機児童ゼロ作戦」を掲げてから二〇年近くになるのに待機児童がなくならないのは、利用者の利益より提供側の都合が重視される措置の仕組みに要因がある。市区町村は、利用希望者のニーズより、予算上の都合や保育事業者の事情などを勘案し、需給調整をしてきた。保育を切実に必要とする親が申請に来ても切り捨てることができるのは、制度の仕組みがそうなっているからだ。

一方、新制度では子育て支援を強化するため、家庭のニーズを見える化する「保育の必要性」の認定制度を導入した。必要性が認定されたら、利用が保障されるはずだったが、二〇一二年夏の与野党合意で、保育制度に措置の規定を残すことが決まった。自治体では措置制度の運用が続き、保育の利用側と提供側のあいだで摩擦や衝突を生み出す要因となった。

保育制度を「当事者中心」の仕組みに転換し、「保育の必要」が認定されたすべての家庭に利用を保障する仕組みの確立を急ぐ必要がある。そのためには、児童福祉法から措置の規定を削り、必要性が認定された家庭への保育の提供を自治体の義務とする必要がある。

日本でも共働きが主流となっており、人手不足のなか女性のいっそうの活躍が求められている。二一世紀にふさわしい保育改革を急ぐべきだ。

(3) 合意形成の場、子ども・子育て会議の再生

新制度は、子育て政策の決定プロセスに当事者や支援者、行政の関係者などが参画し、多様な視点から検討して合意形成する場として「子ども・子育て会議」を創設した。国とほぼすべての自治体がこの会議を設置し、新制度のスタートに備えたのだが、合意形成のあり方が形骸化、空洞化している実態が取材を通して明らかになった。

子ども・子育て会議には、保育所や幼稚園、認定こども園などの事業者の代表、行政の代表、利用側の保護者の代表、子育て支援団体や研究者などが参画して、地域ごとのニーズを踏まえた保育や子育て支援の事業計画をまとめることが期待されていた。消費税を使い、保育や子育て支援を充実させると約束した政策的効果を高めると同時に、地域住民にも支持されるよう議論のプロセスを透明化する狙いがあった。

ところが、所沢市では子ども・子育て会議で育休退園ルールの導入を議題とはせず、行政だけで決めていた。導入の経緯や目的が説明される機会はなく、会議の合意形成機能が生かされ

なかった。市は事後的な説明や訴訟の対応で多大な労力を費やし、行政上も損失が拡大した。

情報社会となり、デジタル世代の保護者たちはアンテナを高くして保育や子育ての情報を集めている。待機児童になっても諦めるしかなかった以前の世代と違い、行政の対応の適切さをチェックし、納得できる状況かを判断している。制度や政策を運用する側は、正当性を説明する責任が増している。

所沢市が子ども・子育て会議で説明し、合意形成の努力をしていたら、市の思い通りのルールは導入できなくとも、訴訟や追加的な対応など事後の出来事はなかったかもしれない。

ただ、子ども・子育て会議の形骸化は所沢市だけの問題ではなかった。国の子ども・子育て会議も新制度の始動後は年数回しか開催しておらず、国でも地方自治体でも合意形成の機能が生かされているとはいえない。

二〇一六年度に国が導入した「企業主導型保育事業」は、企業が運営する認可外保育所に多額の助成をおこなう新しい仕組みだが、この事業は、国の子ども・子育て会議でほとんど議論されなかった。保育事業を展開する企業や経済界の要請を受けて異例の速さで導入されたとされるが、わずか三年で保育所の閉鎖や定員割れ、不適切な運営などの問題が多発した。

二〇一六、一七年度に助成が決まった二七三六施設のうち二五二施設が事業を中止していた。

保育内容のずさんさも明らかになり、一九年四月に会計検査院が改善処置を求め、事業を再検討する会議が作られるなど事後対応に追われた。こうした制度設計の不備は、子ども・子育て会議などで事前に協議していたら防げた点があったと思われる。

二〇一七年秋に打ち出された「幼児教育・保育の無償化」も、子ども・子育て会議に諮ることなく政治主導で決まった。保育所や幼稚園の利用料を無償化することは、子育て家庭への経済的な援助になる面で画期的だが、無償化の対象となる施設が公表されると、対象外になった認可外施設の利用者などから批判が出て、対象の線引きをめぐり混乱した。

その後、検討会を設置するなど、事後対応のあたふたぶりは、所沢市の対応を思い起こさせた。せっかくの新規施策が迷走する背後に、利用者の利益を重視する視点、オープンに議論して合意形成する発想が欠けている問題があるのではないか。

国と自治体で作った子ども・子育て会議の本来の機能を生かし、当事者の希望を適切に反映した制度や政策の実現に活用するべきだ。

(4)「神話」から「科学的根拠」にもとづく政策へ

所沢市で得られた教訓の一つは、社会の変化にそぐわない古い価値観にもとづいて施策や政策の判断をおこなう危うさだった。「三歳児神話」を思わせる育児観に保護者たちの猛反発が起きて、市の幹部や市議たちは子育ての現状を知るようになった。

母親による育児の重要さを説く「三歳児神話」や「母性神話」は、高度経済成長期に急増した核家族の若い母親に向けて発せられた。しかし、若い世代のあいだで共働きが主流となった今、昭和の規範や育児観は子育て家庭の実状に適合しないだけでなく、施策や政策の決定を誤らせて、孤立や不安を悪化させるリスクがあることがわかった。

困難が増している現代の育児をサポートするには、固定観念や思い込みにとらわれず、適切な支援を適切なタイミングに講《こう》じることが大前提となる。各種データや研究調査を踏まえ、当事者の意向やニーズも把握して、「科学的な根拠（エビデンス）にもとづく政策決定」を子育ての分野でもおこなっていくことが求められている。

少子化対策の第一の柱である保育制度が、さまざまな混乱にみまわれているのは、政策決定のプロセスのなかで、当事者や現場の専門家の意向を尊重する姿勢や、科学的な根拠を重視する姿勢を欠いた調整がおこなわれがちなことと無関係ではない。所沢市の育休退園ルールについては、Ⅲ章の山根純佳さんの調査と分析で施策の効果と失敗が浮き彫りになった。こうした検証を市がみずからおこない、制度を修正していたら、行政への信頼を早く回復できたのではないだろうか。

近年、欧米では保育や幼児教育の分野でも科学的なアプローチが重視され、政策の質を高める研究が盛んだ。非認知能力を育むとして乳幼児期の教育の大切さが関心を集めるようになったのも、その一つだ。非認知能力とは、自分をコントロールしたり我慢強くやりぬいたりする社会情緒的なスキルで、生涯の学習の基盤となる力として注目されている。この力を乳幼児期に育むことで教育への社会投資の効果が高まることが海外の研究で明らかになっている。

この世界の潮流を意識し、国は「幼児教育・保育の無償化」を決めたが、多額の税金を投資する施策なのに、その効果を確かめ、必要に応じて修正し改善していく仕組みは整っていない。無認可の保育所で重大な事故の発生率が高いのはなぜか。保育士の離職率が高い保育所は何が違うのか。こうした課題に科学的な調査・分析の手法でアプローチし、結果を踏まえて制度や政策を改善していくサイクルが日本にはまだない。

保育改革で先行した国々では、保育所で実践される保育の質をモニタリング・評価し、必要に応じて助言や勧告をするシステムも作っている。施設のスタッフのやりがいの向上や働き方の改革、保護者の施設選びにも役立てている。日本でも保育の量的な整備が進んでおり、次の課題としては「質の保障」が問われている。質の高い保育と幼児教育をすべての子どもに保障することは、「無償化」の投資効果を高めることにもなる。そのためにも、就学前の政策に「科学の目」を取り入れることが求められるであろう。

おわりにかえて――未来を拓く保育

保育をめぐる混乱と育児の孤立

ここまで見てきたのは、二〇一五年度に子ども・子育て支援新制度が導入されて保育サービスが拡充されたのに、なぜ所沢市をはじめ各地で保育をめぐる混乱が起きたのかという事情と、その背景にあった子育て家庭をとりまく状況だった。

それはつまり、住民のつながりや助け合いが消えた地域で子育て家庭がかつてなく孤立し、育児の不安や困難が深刻化している現実だった。

子どもの数が減少する日本で、保育所は増えているのに、都市部だけでなく地方の町でも待機児童が発生している。この現象には、子育て家庭が孤立から抜け出そうと保育所に駆け込むという面があるのだと、取材から気づいた。「孤独な育児が苦しかった」と吐露する母親たちに何人も出会った。出産で疲弊した心身のまま一人きりの育児で疲れ切り、追いつめられた親たちは、わが子に愛情を注げなくなる袋小路に入っていく。その葛藤を経験した人たちは、プロの支援者がいて、子育て仲間とも出会える保育所が「救い」になったと口をそろえた。

保育所への入所希望者が増えていることに対し、行政や政治の関係者には「育児責任の放棄ではないか」と懸念する向きもある。そうした懸念が、保育所の整備にブレーキをかけてきたことも見えてきた。懸念を抱く人たちに共通していたのは、「三歳児神話」や「母性神話」にも通底する「母親の育児がベスト」と考える育児観だった。

一方、所沢市の課長や市議たちのように、若い親の生の訴えに接した人たちは、地域で子育てを支える機能が脆弱《ぜいじゃく》になっている現実に気づき、育児観を転換させていた。

彼らが語っていた「子育ての社会化」や「保育の社会化」とは、子育ての責任を親から社会へ丸投げすることや、画一的な集団養育に子どもを取り込むことを意味していたわけではない。「介護の社会化」を掲げた介護保険制度により、家族中心だった介護の責任を社会もシェアする形に変えたように、家族中心の育児の責任を、保育制度を通して地域や社会もシェアし、親子が行きづまらないようにしようという趣旨だった。

そのためには、保育制度も、選別主義にもとづく措置の仕組みをやめ、保育サービスを必要とするすべての子どもに提供される普遍的な施策へ変えることが求められている。

世界の潮流は

待機児童が〝万年雪〟のように消えない日本では、すべての子どもへ保育サービスの利用を保障する「保育保障」の発想は奇想天外に響くかもしれない。

だが、経済協力開発機構（ＯＥＣＤ）は一九九六年の教育担当大臣会議で、「幼児教育・保育へのアクセスと質の改善を最優先課題とする」共同宣言を採択した。以降、加盟国ではグローバル化と高度情報化が進む二一世紀にふさわしい人材育成の観点から、保育・幼児教育への投資を重要な政策テーマと位置づけてきた。公的投資を増やして「アクセス（利用）しやすさ」と「保育・教育の質」の改善のため、改革の努力を重ねてきた。

これに先立ち、先進各国では一九七〇年代ごろから女性の社会進出が進み、保育所の整備が重要な課題となった。一方、「育児は家族の責任」と考える国々は保育所整備にさほど力を入れず、民間に委ねるなどして公的な投資は高まらなかった。

そのなか、欧州共同体（ＥＣ、後のＥＵ）は、各国の保育制度がバラバラでは若い労働力が良質な保育制度のある国に流れることに気づき、一九八〇年代から保育制度の水準を全域で高める取り組みを始めた。そして、「質のよい保育とは何か」を考える検討に着手したのだと、海外の保育政策に詳しい泉千勢・大阪府立大学名誉教授から教えていただいた。

ＥＣは一九八五年から加盟国の保育の状況を調べ、各国へ「保育の質」の改善を指令・勧告した。九六年には今後一〇年間に各政府が取り組むべき行動計画「保育サービスの質目標」を提案した。そこでは、首尾一貫した保育政策や実行計画を表明することや、「一つの部局が政策実行に責任をもつ」、保育サービスへの公的支出は「少なくともGDPの一%以上であるべき」、職員配置は大人一人に対し一歳児六人、二歳児八人、三歳児一五人の基準を必ず上まわることなど、具体的で高い目標を示した(泉千勢、一見真理子、汐見稔幸編著『世界の幼児教育・保育改革と学力』明石書店、二〇〇八年)。

OECDが一九九〇年代半ばから先進国共通の課題として保育・幼児教育の改革を重視するようになったのは、EUで先行した保育改革の成果を受けたものだった。OECDが九八年からスタートした保育の共同調査研究に一二か国が自主的に参加し、二〇〇二年からの研究には八か国増えて二〇か国が参加している。そして、保育改革を進めるときにめざすべき政策指針を二つの報告書にまとめて公表した。報告書は、各国政府に対して財源投資や政策の体系的な進め方が重要だと提案し、保護者が育休を終了した後に「すべての子どもが、家族の収入、親の職業的地位、特別な教育的ニーズ、民族/言語の背景にかかわらず、質の良いECEC(幼児教育・保育)に参加するための平等な機会をもっているというような、公正なアクセスを保証する」(前掲書)ように提言した。

先進各国で保育改革のうねりが起きていたころ、日本では待機児童解消という「量」の拡大が政治課題となったが、「質」の議論は起きなかった。世界潮流への関心が生まれないだけでなく、保育の質を守ってきた規制を次々と緩め、定員を超えた園児の詰め込みや、低規格な保育の環境が広がった。

この状況を無念な思いで見てきた泉氏は、「財政難を理由に保育の規制緩和を進め、質を低下させる施策を進めたのは、世界の潮流に逆行していた」と指摘する。

この本で見てきたように、日本の保護者がいま保育へ求めていることは、保育改革の国際潮流に沿ったものであり、「親のワガママ」とはいえないことがわかる。

二〇一一年に日本語で発刊された『OECD保育白書』(OECD編著、星三和子他訳、明石書店)は、「幼い子どもにケアと教育を提供することは、女性の労働市場への参加を保障するうえで必要だと考えられていたが、次第にそれだけでなく、乳幼児期の発達が人間の学習と発達の基礎形成段階であるとみなされるようになってきた」と書いている。

就学前の保育・教育に対する認識が先進国全体で変わってきており、「母親の就労支援」から、子どもの育ちを支える「発達の保障」へと力点がシフトしていることがわかる。それは、所沢市の保護者たちが「育休中も上の子は保育所に通わせてあげたい」と訴えていた考え方に通じるものだ。地域で子育て家庭が孤立するいま、子ども自身の健やかな発達を保障する観点から保育の必要性を認めることが日本でも必要になっているということだろう。

「家族にやさしい政策」と保育

ユニセフは二〇一九年七月に各国政府に向けた子育て支援策の提言「家族にやさしい政策」(Family-Friendly Policies: Redesigning the Workplace of the Future)を公表し、すべての子どもに提供されるべき普遍的な支援の主なものとして「手当」「有給の出産・育児休業」「就学前教育・保育」などを挙げた。保育については育休後、親が(職場)復帰するときから就学まで、安価で質の高い教育・保育に誰でもアクセスできるようにすることが重要だと指摘した。

日本では、「家族にやさしい政策」として提示されたものが、どれも普遍主義にもとづく支援にはなっていない。児童手当は、いまも所得制限がついて低所得世帯の支援となっている。「出産・育児休業」は、産前産後休業なら健康保険から、育児休業なら雇用保険からの給付があるが、保険制度に加入する人が基本的な対象で、出産したすべての人が対象の普遍主義とはなっていない。実際、出産した女性で有給の育児休業を取れているのは四割ほどだと見られている。保育所も根幹に措置制度が残っており、選別と排除が残っている。

一方、かつては深刻な少子化に悩まされたフランスや北欧諸国は、政策努力を重ねて子どもを産み育てやすくなり、「家族にやさしい政策」を実現している点でも共通している。

北欧諸国の一つ、フィンランドは「家族にやさしい政策」のモデル的な国として知られる。ゼロ～一六歳の子ども全員を対象にした子ども手当は一九四六年から、給付つきの出産・育児休業は六四年から実施している。女性の社会進出が進み、七三年には「子ども保育法」が成立。幼稚園と託児所を統合して「保育所」に一本化し、必要とするすべての子どもへの保育サービスの提供を自治体に義務づけた。一九九〇年代には、保育の利用を子ども自身の主体的な権利と定める保育改革もおこなった。

フィンランド初の女性大統領だったタルヤ・ハロネンさんは、二〇一五年九月のインタビューのなかで、「女性の活躍」と「次世代育成」を両立させるカギは保育政策にあると話した。フィンランドでも一九六〇年代から女性の社会進出が進んだが、育児との両立はむずかしく、女性たちは一人で悩む「ワンオペ育児」に直面したという。出生率も低迷したが、その後の政策的な努力で合計特殊出生率は一・八に回復した。「大事なのは、保育と育休制度の充実だ」とハロネンさんは言った。

「子どもにとって家庭が最善の場所であることは間違いない。でも、一九八〇年代のスウェーデンの調査で、専業主婦家庭の子どもより保育所に通った子のほうが学力が高いことがわかった。保育所で社会的スキルを身につけることができるし、甘やかされないからでしょう。ただし、保育にも職業的な専門性は重要ですが」

自身が政界進出した一九七〇年代には、多くの女性が仕事と育児の両立に悩んでいて、母親一人で育児を担う重責から、ハロネンさんは子どもを一人しか持てなかったという。しかし、今、男性も育児することは普通になり、娘夫婦は共働きしながら家事と育児を完全にシェアしている。こうした経験を踏まえ、「日本でも保育政策の改革は非常に重要」と話した。

すべての子どもに保育を

二〇一九年秋に導入された「幼児教育・保育の無償化」は、人材投資の観点から英国やフランスなどですでに実施されている政策だ。

ただ、前提とされているのは、すべての子どものための「良質な保育・教育」と「アクセス」の保障で、利用料をタダにすることが目的ではない。一方、日本では、すべての子どもに良質な保育・教育を保障する体制が整備されておらず、教育としての投資効果を高める基盤がまだ整っていない。そのため、人材育成の政策としての投資効果はさほど期待できないのではないかという指摘が、専門家からは聞かれる。

保育所で「質の高い保育」を利用すると、子どもの健やかな育ちや親の育児によい効果をもたらすことは日本の研究でも確認されている。言語発達がうながされたり、社会性が高まったりする効果がいくつかの調査で明らかになっている。母親についても育児のストレスを減らし、子どもへのかかわり方がうまくなるといったよい影響が確認されている。

深刻な少子化が続き、もはや改善できないという悲観論が国内で広がっているが、保育制度ひとつをみても、当事者のニーズに沿った仕組みへ見直すことなど改善する余地がかなりあることは、この本からも明らかになった。

「育児は家族の責任」「三歳までは母親がベスト」といった価値観の呪縛《じゅばく》を離れ、子育て家庭が現実に望んでいる要求に耳を傾けることが、最初のステップとなるだろう。

そして、OECDの共同調査研究が導き出した教訓の一つである、就学前の保育・教育を国や自治体で所管する部署の統合を、急ぐ必要がある。国の担当部署が内閣府、厚労省、文科省の三府省にわかれているという行政推進体制を改め、就学前の子どもの政策については司令塔を一つに統合する。そのうえで、国際潮流から遅れている保育・幼児教育の改革をスピードアップすべきだと思う。

EUが保育改革の目標として加盟国に示した「GDPの一%以上を保育へ投資する」という

財源の課題についても、議論をおこなう必要があるだろう。

むずかしい課題が多いとはいえ、進むべき道が見えていることは希望といえる。

まずは、保育改革が大事——。フィンランドのハロネン前大統領の助言を胸に、子どもたちのため、子育て家庭のため、そして日本の社会の未来のため、一歩を踏み出したい。

最後に、私がいつも心にとめているマザー・テレサの言葉で、この本をしめくくりたい。

子どもは　神さまのおつくりになったもの
この世への　国への　家族への
神さまのいちばん美しい　贈り物です

『ほほえみ——マザーテレサのことば』(女子パウロ会)より

榊原智子

読売新聞東京本社教育ネットワーク事務局専門委員．1988 年上智大学大学院博士課程前期修了(国際学修士)．同年読売新聞社入社．政治部，解説部などを経て社会保障部次長，調査研究本部主任研究員．2019 年から現職．現在，政府の少子化社会対策大綱検討会などの委員．

「孤独な育児」のない社会へ
——未来を拓く保育　　岩波新書(新赤版)1816

2019 年 11 月 20 日　第 1 刷発行

著　者　榊原《さかきばら》智《のり》子《こ》

発行者　岡本　厚

発行所　株式会社　岩波書店
〒101-8002 東京都千代田区一ツ橋 2-5-5
案内 03-5210-4000　営業部 03-5210-4111
https://www.iwanami.co.jp/

新書編集部 03-5210-4054
http://www.iwanamishinsho.com/

印刷・三陽社　カバー・半七印刷　製本・中永製本

ISBN 978-4-00-431816-3　　Printed in Japan

岩波新書新赤版一〇〇〇点に際して

ひとつの時代が終わったと言われて久しい。だが、その先にいかなる時代を展望するのか、私たちはその輪郭すら描きえていない。二〇世紀から持ち越した課題の多くは、未だ解決の緒を見つけることのできないままであり、二一世紀が新たに招きよせた問題も少なくない。グローバル資本主義の浸透、憎悪の連鎖、暴力の応酬――世界は混沌として深い不安の只中にある。

現代社会においては変化が常態となり、速さと新しさに絶対的な価値が与えられた。消費社会の深化と情報技術の革命は、種々の境界を無くし、人々の生活やコミュニケーションの様式を根底から変容させてきた。ライフスタイルは多様化し、一面では個人の生き方をそれぞれが選びとる時代が始まっている。同時に、新たな格差が生まれ、様々な次元での亀裂や分断が深まっている。社会や歴史に対する意識が揺らぎ、普遍的な理念に対する根本的な懐疑や、現実を変えることへの無力感がひそかに根を張りつつある。そして生きることに誰もが困難を覚える時代が到来している。

しかし、日常生活のそれぞれの場で、自由と民主主義を獲得し実践することを通じて、私たち自身がそうした閉塞を乗り超え、希望の時代の幕開けを告げてゆくことは不可能ではあるまい。そのために、いま求められていること――それは、個と個の間で開かれた対話を積み重ねながら、人間らしく生きることの条件について一人ひとりが粘り強く思考することではないか。その営みの糧となるものが、教養に外ならないと私たちは考える。歴史とは何か、よく生きるとはいかなることか、世界そして人間はどこへ向かうべきなのか――こうした根源的な問いとの格闘が、文化と知の厚みを作り出し、個人と社会を支える基盤としての教養となった。まさにそのような教養への道案内こそ、岩波新書が創刊以来、追求してきたことである。

岩波新書は、日中戦争下の一九三八年一一月に赤版として創刊された。創刊の辞は、道義の精神に則らない日本の行動を憂慮し、批判的精神と良心的行動の欠如を戒めつつ、現代人の現代的教養を刊行の目的とする、と謳っている。以後、青版、黄版、新赤版と装いを改めながら、合計二五〇〇点余りを世に問うてきた。そして、いままた新赤版が一〇〇〇点を迎えたのを機に、人間の理性と良心への信頼を再確認し、それに裏打ちされた文化を培っていく決意を込めて、新しい装丁のもとに再出発したいと思う。一冊一冊から吹き出す新風が一人でも多くの読者の許に届くこと、そして希望ある時代への想像力を豊かにかき立てることを切に願う。

（二〇〇六年四月）

福祉・医療

賢い患者	山口育子
ルポ 看護の質	小林美希
健康長寿のための医学	井村裕夫
不眠とうつ病	清水徹男
在宅介護	結城康博
和漢診療学 あたらしい漢方	寺澤捷年
不可能を可能に 点字の世界を駆けぬける	田中徹二
医と人間	井村裕夫編
医療の選択	桐野高明
納得の老後 日欧在宅ケア探訪	村上紀美子
移植医療	橳島次郎 出河雅彦
医学的根拠とは何か	津田敏秀
転倒予防	武藤芳照
看護の力	川嶋みどり
心の病 回復への道	野中猛
重い障害を生きるということ	髙谷清
肝臓病	渡辺純夫
感染症と文明	山本太郎
ルポ 認知症ケア最前線	佐藤幹夫
医の未来	矢﨑義雄編
パンデミックとたたかう	押谷仁 瀬名秀明
健康不安社会を生きる	飯島裕一編著
介護 現場からの検証	結城康博
腎臓病の話	椎貝達夫
がんとどう向き合うか	額田勲
がん緩和ケア最前線	坂井かをり
人はなぜ太るのか	岡田正彦
児童虐待	川﨑二三彦
生老病死を支える	方波見康雄
医療の値段	結城康博
認知症とは何か	小澤勲
障害者とスポーツ	高橋明
生体肝移植	後藤正治
放射線と健康	舘野之男
定常型社会 新しい「豊かさ」の構想	広井良典
健康ブームを問う	飯島裕一編著
血管の病気	田辺達三
医の現在	高久史麿編
日本の社会保障	広井良典
居住福祉	早川和男
高齢者医療と福祉	岡本祐三
看護 ベッドサイドの光景	増田れい子
医療の倫理	星野一正
体験ルポ 世界の高齢者福祉	山井和則
リハビリテーション	砂原茂一
指と耳で読む	本間一夫
自分たちで生命を守った村	菊地武雄

岩波新書より

社　会

サイバーセキュリティ	谷脇康彦
まちづくり都市 金沢	山出　保
虚偽自白を読み解く	浜田寿美男
総介護社会	小竹雅子
戦争体験と経営者	立石泰則
住まいで「老活」	安楽玲子
現代社会はどこに向かうか	見田宗介
EVと自動運転 クルマをどう変えるか	鶴原吉郎
ルポ 保育格差	小林美希
津波災害〔増補版〕	河田惠昭
棋士とAI	王　銘琬
原子力規制委員会	新藤宗幸
東電原発裁判	添田孝史
日本問答	田中優子・松岡正剛
日本の無戸籍者	井戸まさえ
〈ひとり死〉時代のお葬式とお墓	小谷みどり

町を住みこなす	大月敏雄
親権と子ども	榊原富士子・池田清貴
歩く、見る、聞く 人びとの自然再生	宮内泰介
対話する社会へ	暉峻淑子
悩みいろいろ	金子　勝
魚と日本人 食と職の経済学	濱田武士
ルポ 貧困女子	飯島裕子
鳥獣害 動物たちと、どう向きあうか	祖田　修
科学者と戦争	池内　了
新しい幸福論	橘木俊詔
ブラックバイト 学生が危ない	今野晴貴
原発プロパガンダ	本間　龍
ルポ 母子避難	吉田千亜
日本にとって沖縄とは何か	新崎盛暉
日本病 長期衰退のダイナミクス	金子　勝・児玉龍彦
雇用身分社会	森岡孝二
生命保険とのつき合い方	出口治明

ルポ にっぽんのごみ	杉本裕明
鈴木さんにも分かるネットの未来	川上量生
地域に希望あり	大江正章
世論調査とは何だろうか	岩本　裕
フォト・ストーリー 沖縄の70年	石川文洋
ルポ 保育崩壊	小林美希
多数決を疑う 社会的選択理論とは何か	坂井豊貴
アホウドリを追った日本人	平岡昭利
朝鮮と日本に生きる	金　時鐘
被災弱者	岡田広行
農山村は消滅しない	小田切徳美
復興〈災害〉	塩崎賢明
「働くこと」を問い直す	山崎　憲
原発と大津波 警告を葬った人々	添田孝史
縮小都市の挑戦	矢作　弘
福島原発事故 被災者支援政策の欺瞞	日野行介
日本の年金	駒村康平

岩波新書より

食と農でつなぐ 福島から　塩谷弘康・岩崎由美子
過労自殺〔第二版〕　川人博
金沢を歩く　山出保
ドキュメント 豪雨災害　稲泉連
ひとり親家庭　赤石千衣子
女のからだ フェミニズム以後　荻野美穂
〈老いがい〉の時代　天野正子
子どもの貧困 Ⅱ　阿部彩
性と法律　角田由紀子
ヘイト・スピーチとは何か　師岡康子
生活保護から考える　稲葉剛
かつお節と日本人　宮内泰介・藤林泰
家事労働ハラスメント　竹信三恵子
福島原発事故 県民健康管理調査の闇　日野行介
電気料金はなぜ上がるのか　朝日新聞経済部
おとなが育つ条件　柏木惠子
在日外国人〔第三版〕　田中宏
まち再生の術語集　延藤安弘

震災日録 記憶を記録する　森まゆみ
原発をつくらせない人びと　山秋真
社会人の生き方　暉峻淑子
構造災 科学技術社会に潜む危機　松本三和夫
家族という意志　芹沢俊介
ルポ 良心と義務　田中伸尚
飯舘村は負けない　千葉悦子・松野光伸
夢よりも深い覚醒へ　大澤真幸
子どもの声を社会へ　桜井智恵子
就職とは何か　森岡孝二
日本のデザイン　原研哉
ポジティヴ・アクション　辻村みよ子
脱原子力社会へ　長谷川公一
希望は絶望のど真ん中に　むのたけじ
福島 原発と人びと　広河隆一
アスベスト 広がる被害　大島秀利
原発を終わらせる　石橋克彦編
日本の食糧が危ない　中村靖彦
勲章 知られざる素顔　栗原俊雄

希望のつくり方　玄田有史
生き方の不平等　白波瀬佐和子
同性愛と異性愛　風間孝・河口和也
贅沢の条件　山田登世子
新しい労働社会　濱口桂一郎
世代間連帯　上野千鶴子・辻元清美
道路をどうするか　五十嵐敬喜・小川明雄
子どもの貧困　阿部彩
子どもへの性的虐待　森田ゆり
戦争絶滅へ、人間復活へ　むのたけじ 聞き手 黒岩比佐子
テレワーク 「未来型労働」の現実　佐藤彰男
反貧困　湯浅誠
不可能性の時代　大澤真幸
地域の力　大江正章
グアムと日本人 戦争を埋立てた楽園　山口誠
少子社会日本　山田昌弘
親米と反米　吉見俊哉
「悩み」の正体　香山リカ

岩波新書より

自動車の社会的費用　宇沢弘文

岩波新書/最新刊から

1797
ヴァルター・ベンヤミン
─闇を歩く批評─
柿木伸之 著
戦争とファシズムの時代の危機と対峙しつつ言語、芸術、歴史を根底から問う批評を繰り広げたベンヤミン。その思考を今読み解く。

1798
酒井抱一
俳諧と絵画の織りなす抒情
井田太郎 著
名門大名家から市井へと下り、江戸の社会を往還した琳派の絵師、抱一。マルチな才能と稀有な個性を、画俳両面から読み解く評伝。

1772
シリーズ アメリカ合衆国史③
20世紀アメリカの夢
世紀転換期から1970年代
中野耕太郎 著
格差をはじめとした新たな社会問題に直面し、福祉国家＝帝国と化した20世紀アメリカ。冷戦が変化を迎える70年代までを描く。

1799
日本経済30年史
バブルからアベノミクスまで
山家悠紀夫 著
豊富なデータで、90年以降の景気動向を分析。時の政権による「改革」は日本経済の姿をどのように歪めたのか。

1800
民主主義は終わるのか
─瀬戸際に立つ日本─
山口二郎 著
政権の暴走は続き、政治の常識が次々と覆されている。野党は弱いままだ。内側から崩れる日本の民主主義を立て直すことはできるか。

1801
統合失調症
村井俊哉 著
幻覚や妄想が青年期に生じ、１００人に１人近くが患う。症状、経過、他の精神科の病気との違い、リスク因子、治療などを解説する。

1802
ミシェル・フーコー
─自己から脱け出すための哲学─
慎改康之 著
顔をもたない哲学者フーコーは、常に変化を遂げ、著作ごとに読者を新たな見知らぬ世界へと導く。その絶えざる変貌をたどる。

1803
日曜俳句入門
吉竹純 著
新聞俳壇も、公募俳句大会も。趣味としての投句を「日曜俳句」と名づけた著者が、楽しさ、魅力、可能性を、縦横無尽に語る。

(2019. 11)